USAN[...]
PARA

ORACIONES QUE FUNCIONAN

KEVIN L.A. EWING

ESCANEA EL CÓDIGO QR PARA OBTENER MÁS INFORMACIÓN SOBRE KEVIN L.A. EWING

ORACIONES QUE FUNCIONAN
USANDO LAS ESCRITURAS PARA TRAER UN CAMBIO

Copyright © 2023 Kevin L.A. Ewing

Para obtener más información sobre Kevin L.A. Ewing, visite www.kevinlaewing.com

Todos los derechos reservados. Ninguna parte de esta publicación puede ser reproducida, distribuida o transmitida en ninguna forma o por ningún medio, incluyendo fotocopias, grabaciones u otros métodos electrónicos o mecánicos, o por cualquier sistema de almacenamiento y recuperación de información, sin el permiso previo por escrito del editor, excepto en el caso de citas muy breves incorporadas en críticas, reseñas y ciertos otros usos no comerciales permitidos por la ley de derechos de autor.

Los versículos bíblicos utilizados en la versión en español provienen de la Versión Reina Valera (RVR1960, y RVR1995).

Publisher/Production:
Live On Impact Media
www.liveonimpactmedia.com
ISBN: 979-8-9891468-0-2

Número de Control de la Biblioteca del Congreso: 2023947677

Impreso en los Estados Unidos de América

Primera edición 12345678910

TABLA DE CONTENIDOS

1. ORACIONES FUNDAMENTALES
- Oración de salvación — 8
- Oración de arrepentimiento — 9
- Mi corazón y el perdón — 11
- Orando la palabra de Dios — 13
- Fe en la palabra de Dios — 15
- Promesas de afirmación para los justos — 17

2. ORACIONES DIARIAS
- Oración al comenzar cada día — 22
- Oración para ordenar en este día — 25
- Oración diaria durante el ayuno — 27

3. ORACIONES SOBRE SUEÑOS
- Oración para no olvidar sueños — 32
- Oración para cancelar sueños — 34
- Oración para llegar a un acuerdo con un sueño — 35
- 20 Versículos bíblicos para cancelar malos sueños — 36

4. ORACIONES PARA LA MENTE
- Liberación de la mente — 40
- Oración contra el espíritu de depresión — 44
- Oración contra el espíritu de confusión — 46
- Oración por paz — 48
- Oración contra las limitaciones — 51

5. ORACIONES PARA PEDIR BENDICIONES
- Necesito ser favorecido ahora — 56
- Oración para liberación y alivio financiero — 58
- Puertas de bendición — 61
- Ordenando a la tierra y a sus habitantes a trabajar a tu favor — 64

6. ORACIONES PARA LA FAMILIA

- Oración por los hijos — 68
- Oración por los esposos — 73
- Oración por las esposas — 76
- Conflicto en el matrimonio — 78
- Palabra de Dios contra fuerzas invisibles que operan contra mí y mi familia — 81
- Liberación para bendiciones generacionales — 83

7. ORACIONES DE GUERRA ESPIRITUAL

- Oración para enviar el fuego de Dios — 86
- Oración para que las fuerzas de la oscuridad sean deshabilitadas por el fuego del Espíritu Santo — 88
- Oración contra ladrones espirituales — 91
- Oración contra altares malvados — 93
- Oración contra el espíritu de demora — 94
- Oración para que caiga el gran faraón — 95
- Venciendo al enemigo con la palabra — 96
- Oración por armadura divina y protección — 98
- Terminando pactos malvados — 100

8. MISCELÁNEAS

- Oración por sanidad — 106
- Oración por los solteros — 109
- Oración por el lugar de trabajo — 111

9. SOBRE EL AUTOR

- Kevin L.A. Ewing — 116

ORACIONES FUNDAMENTALES

ORACIÓN DE SALVACIÓN

Querido Dios, creo que enviaste a tu único Hijo Jesucristo para morir en la cruz, para que al creer en Él pueda ser perdonado de mis pecados y redimido, porque su sangre inocente fue derramada por mí. Creo que solo a través de su muerte en la cruz y resurrección puedo ser reconciliado contigo.

Confieso, Señor, que soy pecador y necesito un Salvador. Creo que Cristo Jesús fue el sacrificio sin pecado que murió para pagar el precio por mis pecados y creo que Él es la única persona calificada para morir por mí, ya que Él solo vivió una vida sin pecado y murió como una víctima inocente.

Gracias por amarme lo suficiente como para enviar a tu único Hijo sin pecado para convertirse en un Hombre, para que Él pudiera ofrecerse a sí mismo como el Cordero perfecto de Dios, que quita los pecados del mundo. Gracias por amarme y morir por mí. Ayúdame a vivir una vida que te honre, en pensamiento, palabra y acción.

Padre, me arrepiento de todos mis pecados y me aparto de ellos hacia Cristo. Oro para que me mantengas santo y apartado para ti mientras busco vivir para ti. Pido esto en el nombre de Cristo Jesús, mi Salvador. Amén.

ORACIÓN DE ARREPENTIMIENTO

Padre Celestial, conoces la profundidad de mi tristeza por mi pecado. Aunque es doloroso, sé que esta tristeza es un regalo de gracia. Preferiría estar consciente de mi pecado y lamentarlo, en lugar de estar ajeno a él y satisfecho conmigo mismo, porque la conciencia de él es el primer paso para confesarlo, arrepentirse de él, abandonarlo y volver a ti. Te agradezco por concederme una nueva conciencia de mi pecado delante de ti, ¡Oh Santo Dios! No para que me hunda o me culpe, sino para que pueda acercarme a la cruz para purificación.

Padre, Salmo 51:1-18 dice: "Ten piedad de mí, oh Dios, conforme a tu misericordia; conforme a la multitud de tus piedades borra mis rebeliones. Lávame más y más de mi maldad y límpiame de mi pecado. Porque yo reconozco mis rebeliones, y mi pecado está siempre delante de mí. Contra ti, contra ti solo he pecado y he hecho lo malo delante de tus ojos, para que seas reconocido justo en tu palabra y tenido por puro en tu juicio…

He aquí, en maldad he sido formado, Y en pecado me concibió mi madre. He aquí, tú amas la verdad en lo íntimo, Y en lo secreto me has hecho comprender sabiduría. Purifícame con hisopo, y seré limpio; lávame, y seré más blanco que la nieve…

Hazme oír gozo y alegría, Y se recrearán los huesos que has abatido. Esconde tu rostro de mis pecados, Y borra todas mis maldades. Crea en mí, oh Dios, un corazón limpio, Y renueva un espíritu recto dentro de mí. No me eches de delante de ti, y no quites de mí tu santo Espíritu.

Vuélveme el gozo de tu salvación, Y espíritu noble me sustente. Entonces enseñaré a los transgresores tus caminos, Y los pecadores se convertirán a ti. Líbrame de homicidios, oh Dios, Dios de mi salvación; Cantará mi lengua tu justicia. Señor, abre mis labios, Y publicará mi boca tu alabanza.

Porque no quieres sacrificio, que yo lo daría; No quieres holocausto. Los sacrificios de Dios son el espíritu quebrantado; Al corazón contrito y humillado no despreciarás tú, oh Dios. Haz bien con tu benevolencia a Sion; Edifica los muros de Jerusalén. Entonces te agradarán los sacrificios de justicia, El holocausto u ofrenda del todo quemada; Entonces ofrecerán becerros sobre tu altar."

Padre, habiendo creído tus promesas, recibo tu perdón. Reconozco que eliminas mis pecados tan lejos como el este está del oeste, eligiendo no recordarlo más, según el Salmo 103:12. No hay palabras para agradecerte por esta gracia. Oro en el nombre de Jesús, mi Salvador y Señor. Amén.

MI CORAZÓN Y EL PERDÓN

Padre Dios de todas las misericordias, me presento ante tu presencia una vez más buscando ayuda con respecto a mi corazón sin perdón. Señor, dijiste en tu palabra: "Y cuando estéis orando, perdonad, si tenéis algo contra alguno, para que también vuestro Padre que está en los cielos os perdone a vosotros vuestras ofensas. Porque si vosotros no perdonáis, tampoco vuestro Padre que está en los cielos os perdonará vuestras ofensas". (Marcos 11:25-26). Necesito ser perdonado, y tengo las llaves para ser perdonado por ti si perdono a otros.

Por lo tanto, te pido, Señor, que me ayudes, porque me resulta muy difícil soltar a las personas que me han ofendido o me han hecho cosas malas. Hay una fuerza maligna que me anima a buscar venganza o hacer algo horrible en respuesta a quienes me han herido. Señor, por favor, ayúdame a retomar el control de mis pensamientos y mi corazón y alinearlos contigo para que pueda perdonar fácilmente a los demás y seguir adelante con gracia en mi vida.

Recuerdo tus palabras: "El corazón es engañoso más que todas las cosas, y perverso" (Jeremías 17:9). También dijiste que no es lo que entra en la boca de un hombre lo que lo contamina, sino lo que sale de su boca, porque lo que sale de su boca proviene de su corazón…

"Porque del corazón salen los malos pensamientos, los homicidios, los adulterios, las fornicaciones, los hurtos, los falsos testimonios, las blasfemias. Estas cosas son las que contaminan al hombre" (Mateo 15:11, 17-20).

Señor, mi oración se enfoca en mi corazón porque recuerdo tus palabras a Samuel el profeta en 1 Samuel 16:7b: "porque Jehová no mira lo que mira el hombre; pues el hombre mira lo que está delante de sus ojos, pero Jehová mira el corazón".

Señor, no deseo seguir viviendo con un corazón sin perdón, impuro. Soy atormentado día y noche por los implacables espíritus de ofensa, falta de perdón y venganza. También me doy cuenta de que, sin importar cuánto finja no ser así cuando estoy cerca de mis hermanos creyentes, la realidad es que siempre me estás observando y juzgando en función de mi corazón.

Con la comprensión anterior en mente, te pido, Señor, que crees en mí un corazón limpio, oh Dios, y renueves en mí un espíritu recto. No me deseches de tu presencia, ni retires de mí tu Espíritu Santo. Restaura en mí la alegría de mi salvación y sosténme con un espíritu voluntario (Salmo 51:10-12). ¡En el nombre de Jesucristo de Nazaret! Amén.

ORANDO LA PALABRA DE DIOS

Padre Celestial, te agradezco por las provisiones que has hecho para mí y mis hijos. Según tu palabra en el Salmo 115:14, "Te bendeciré más y más a ti y a tus hijos". Padre Celestial, acuerdo con tu palabra en Proverbios 11:21b, "la descendencia de los justos será librada".

Padre, concuerdo con tu palabra en el Salmo 37:25, que me promete que la escasez no será mi porción. "Joven fui, y he envejecido, Y no he visto justo desamparado, Ni su descendencia que mendigue pan".

Señor, declaro mientras acuerdo simultáneamente con tu palabra en el Salmo 1:2-3, que dice: "Si medito en tu palabra día y noche, SERÉ como un árbol plantado junto a corrientes de agua, que dará su fruto a su tiempo; y lo que haga prosperará".

Dios Todopoderoso, me ato a tu palabra que no puede mentir, y tu palabra dice claramente en Proverbios 8:12: "Yo, la sabiduría, habito con la cordura, Y hallo la ciencia de los consejos".

Gracias, Señor, por el conocimiento que has reservado solo para mí para descubrir invenciones ingeniosas, para que yo y mi familia prosperemos.

Padre Celestial, me uno a tu promesa de que aunque se formen armas contra mí, absolutamente ninguna prosperará y ejerzo mi derecho condenando en juicio toda lengua que se haya levantado contra mí según Isaías 54:15-17.

Señor, tú has dicho en tu palabra que el beneficio de la tierra es para todos según Eclesiastés 5:9. ¡Por lo tanto, reclamo mi porción en el nombre poderoso de tu Hijo Cristo Jesús! Padre, tomo tu palabra que dice que la sabiduría y el dinero son una defensa. Por lo tanto, te pido que me bendigas con ambos para que nada pueda obstaculizarme en mi viaje por la vida como se indica en Eclesiastés 7:12 en el nombre de Jesucristo. Amén.

FE EN LA PALABRA DE DIOS

Padre Dios, creo en tu palabra y soy creyente de que tu palabra es fe, porque tu palabra dice que la fe viene por el oír, pero no por oír cualquier cosa, sino específicamente por oír la palabra de Dios según Romanos 10:17. Por lo tanto, declaro tu palabra de vuelta a ti, que es fe con respecto a mi petición ante ti. Dijiste en tu palabra que "me darás casas que no construí y lo que no labré", según Deuteronomio 6:11 y Josué 24:13.

Por lo tanto, no te estoy pidiendo un pago inicial para mi automóvil o mi hogar. En cambio, por fe, que es tu palabra, estoy solicitando una casa sin deudas junto con un automóvil sin deudas, porque tu palabra me ha dejado en claro que deseas superar mis expectativas de ti, según Efesios 3:20.

Padre Dios Todopoderoso, Creador de los cielos y la tierra, tu palabra declara que es IMPOSIBLE complacerte o satisfacerte sin fe, como se menciona en Hebreos 11:6. Por lo tanto, traigo mi fe ante ti, que es tu palabra. Tu palabra, que es mi fe, dice: "La descendencia de los justos será liberada y la descendencia de los justos será poderosa sobre la tierra", como se menciona en el Salmo 112:2 y Proverbios 11:21.

Una vez más, porque soy plenamente consciente de que siempre es tu deseo superar cualquier cosa que te pida según tu voluntad, entonces oro tu palabra en relación con mi vida y mis hijos, como dice tu palabra en el Salmo 115:14, que nuevamente es mi fe: "Me prosperarás más y más a mí y a mis hijos". Por lo tanto, oro para que experimente bendiciones generales en mi vida en el nombre de Jesús.

También oro por mis hijos, que no solo para que obtengan buenas calificaciones y favor en ciertas áreas de sus vidas, sino para que experimenten vidas generalmente bendecidas y que los librarás en cada área de sus vidas en el nombre de tu Hijo Jesucristo. Amén.

PROMESAS DE AFIRMACIÓN PARA LOS JUSTOS

Padre Celestial, hoy declaro y decreto las promesas y beneficios a los que tengo derecho como persona justa. Por lo tanto, proclamo lo siguiente:

"Porque tú, oh Jehová, bendecirás al justo; como con un escudo lo rodearás de tu favor" (Salmo 5:12).

"Porque Jehová conoce el camino de los justos" (Salmo 1:6).

"Porque Dios está con la generación de los justos" (Salmo 14:5).

"Enmudezcan los labios mentirosos, que hablan contra el justo cosas duras con soberbia y menosprecio". (Salmo 31:18).

"Alegraos en Jehová y gozaos, justos; y cantad con júbilo todos vosotros los rectos de corazón" (Salmo 32:11).

"Los ojos de Jehová están sobre los justos y atentos sus oídos al clamor de ellos" (Salmo 34:15).

"Claman los justos, y Jehová oye, y los libra de todas sus angustias" (Salmo 34:17).

"Muchas son las aflicciones del justo, pero de todas ellas le librará Jehová" (Salmo 34:19).

"Matará al malo la maldad, y los que aborrecen al justo serán condenados" (Salmo 34:21).

"Él provee de sana sabiduría a los rectos; es escudo a los que caminan rectamente" (Proverbios 2:7).

"Porque Jehová abomina al perverso; mas su comunión íntima es con los justos" (Proverbios 3:32).

"Jehová no dejará padecer hambre al justo" (Proverbios 10:3).

"Manantial de vida es la boca del justo" (Proverbios 10:11).

"Los labios del justo apacientan a muchos" (Proverbios 10:21).

"Como pasa el torbellino, así el malo no permanece; mas el justo permanece para siempre" (Proverbios 10:25).

"El justo no será removido jamás" (Proverbios 10:30).

"Los labios del justo saben hablar lo que agrada; mas la boca de los impíos habla perversidades" (Proverbios 10:32).

"El justo es librado de la tribulación; mas el impío entra en lugar suyo" (Proverbios 11:8).

"Tarde o temprano, el malo será castigado; mas la

descendencia de los justos será librada" (Proverbios 11:21).

"El deseo de los justos es sólo el bien" (Proverbios 11:23).

"El que confía en sus riquezas caerá; mas los justos reverdecerán como ramas" (Proverbios 11:28).

"El fruto del justo es árbol de vida, y el que gana almas es sabio" (Proverbios 11:30).

"Ciertamente, el justo será recompensado en la tierra; ¡Cuánto más el impío y el pecador!" (Proverbios 11:31).

"El hombre no se afirmará por medio de la impiedad; mas la raíz de los justos no será removida" (Proverbios 12:3).

"Huye el impío sin que nadie lo persiga; mas el justo está confiado como un león" (Proverbios 28:1).

"El que hace errar a los rectos por el mal camino, él caerá en su misma fosa; mas los perfectos heredarán el bien" (Proverbios 28:10).

"Conoce el justo la causa de los pobres; mas el impío no entiende sabiduría" (Proverbios 29:7).

"Cuando los impíos son muchos, mucha es la transgresión; mas los justos verán la ruina de ellos" (Proverbios 29:16).

"Oh impío, no aceches la tienda del justo, no saquees su cámara; porque siete veces cae el justo, y vuelve a levantarse; mas los impíos caerán en el mal" (Proverbios 24:15-16).

"Considera el justo la casa del impío, cómo los impíos son trastornados por el mal" (Proverbios 21:12).

"Torre fuerte es el nombre de Jehová; a él correrá el justo, y será levantado" (Proverbios 18:10).

"Los necios se mofan del pecado; mas entre los rectos hay buena voluntad" (Proverbios 14:9).

ORACIONES DIARIAS

ORACIÓN AL COMENZAR CADA DÍA

Padre Celestial, amplía en mí hoy tu espíritu de discernimiento que me permita ver más allá de las limitaciones de mis cinco sentidos. Revélame, Señor, las trampas, mentiras, engaños, conspiraciones y todo lo demás que ha sido urdido por Satanás y sus agentes humanos en mi contra. Padre, oro para que el Espíritu de Verdad, que es tu Espíritu Santo, me guíe hacia toda verdad en este día y en los días por venir.

Permite que tu Espíritu Santo me convenza de cualquier maldad que resida latente en mi corazón. Señor, verdaderamente me arrepiento de cualquier ley, regla o principio tuyo que haya transgredido. Confieso mis iniquidades, pecados, junto con mis transgresiones para que no haya división entre tú y yo.

Señor, tu palabra es clara cuando dijiste en Proverbios 28:13 que el que oculta su pecado ¡NO PROSPERARÁ! "El que encubre sus pecados no prosperará, mas el que los confiesa y se aparta alcanzará misericordia". Mi deseo es prosperar, y no solo yo, sino también que haya prosperidad constante entre los miembros de mi familia.

Padre Celestial, visto a mí y a mi familia con toda la armadura de Dios para que podamos enfrentar las artimañas del enemigo según Efesios 6:11-13.

También oro para que tus ángeles acampen alrededor de mi familia y de mí para librarnos, como has prometido según tu palabra en el Salmo 34:7, que dice: "El ángel de Jehová acampa alrededor de los que le temen y los defiende".

Ahora ordeno que sean arrestadas todas las malas noticias que estaban pendientes de visitarme en el plano físico. También ordeno que sea destruido por el fuego del Espíritu Santo cualquier pacto maligno que pueda haber sido establecido en mis sueños y toda comunicación verbal maliciosa de mi boca. En su lugar, decreto que la vida, la salud y la fortaleza serán mi porción y la de mi familia en este día.

Decreto que no se me retendrá ninguna cosa buena según tu palabra en el Salmo 84:11. "Porque sol y escudo es Jehová Dios; gracia y gloria dará Jehová. No quitará el bien a los que andan en integridad".

Decreto y afirmo en plena concordancia con tu palabra según el Salmo 138:8, que perfeccionarás todo lo que me concierne. La enfermedad no será mi porción ni la de mi familia en el nombre de Jesús. Ordeno y declaro que toda oportunidad perdida, así como toda oportunidad que de alguna manera fue manipulada para estar fuera de mi alcance, debe regresar a mí en el poderoso nombre de Jesús.

Hablo con autoridad a los espíritus de celos, odio, engaño, enojo, falta de perdón, manipulación y orgullo que están controlando e influenciando a mis enemigos para trabajar en mi contra y contra mi familia. Ordeno que estos espíritus se confundan y sean avergonzados por el poder del Dios vivo en el poderoso nombre de Cristo Jesús. Amén.

YO ORDENO EN ESTE DÍA

Oro esta mañana para que Dios desarraigue toda semilla maligna que fue plantada en mis sueños anoche y desde temprano esta mañana. Ordeno que sean destruidos y nunca se manifiesten en el poderoso nombre de Jesús todos los sueños malignos que hayan programado mi día para el fracaso y el retraso en mis asuntos, Les ordeno que sean destruidos y nunca se manifiesten en el poderoso nombre de Jesús. ¡Cada ataque espiritual contra mi trabajo, matrimonio, familia, negocio, finanzas, emociones y todo lo que me concierne, ordeno que esos planes en mi contra se frustren y fracasen ahora en el nombre poderoso de Cristo Jesús!

Ordeno la exposición de todos los ataques encubiertos pendientes en mi contra y contra mi familia. Oro para que Dios revele claramente a todos los Judas Iscariotes en mi vida y que Él los destituya con Su fuego espiritual en el poderoso nombre de Jesús. Cualquier espíritu de Obeah, brujería y vudú que haya sido enviado o esté operando actualmente en mi vida y que haya causado enfermedades inexplicables en mi cuerpo al deshabilitar mi salud y frustrar a mis médicos debido a su naturaleza espiritual malvada; invoco al mismo ángel del Señor en 2 Reyes 19:35 que Dios envió para destruir a 185,000 enemigos asirios de los hijos de Israel para que consuma y haga desaparecer las fuerzas invisibles que operan en mi contra.

Hablo directamente a mis finanzas y ordeno que el espíritu de aumento sea liberado de la jaula espiritual en la que ha sido colocado por el enemigo, y ahora ordeno que el espíritu de pobreza tome residencia en esa jaula para siempre en el nombre de Jesucristo. Ordeno a la hueste angelical de paz que arreste y detenga a todos los espíritus que atacan mi mente y mi alma. Ordeno a esa misma hueste angelical de paz que condene a la muerte espiritual a los espíritus de miedo, duda, preocupación, falta de autocontrol, insomnio y miedo a lo desconocido en el nombre de Jesús.

Oro para que Dios deshaga las iniquidades de mis antepasados para que yo y las generaciones venideras no estemos cargados con maldiciones generacionales. Finalmente, decreto y declaro que Dios no solo me avanzará hasta donde debería haber estado en este punto de mi vida, sino que todas las barreras visibles e invisibles a partir de este momento son eliminadas por los avanzadores espirituales de Dios en el poderoso y incomparable nombre de Cristo Jesús. ¡AMÉN!

ORACIÓN DIARIA DURANTE EL AYUNO

Padre Celestial, en el nombre de tu Hijo Jesucristo, confieso todos los pecados que he cometido contra ti en palabra, obra, pensamiento y acción. Señor, me arrepiento de toda maldad que he hecho y si hay algún mal dentro de mí del que no soy consciente, te pido perdón por esos pecados y oro para que me limpies de toda maldad en el nombre de Jesús.

Señor, tu palabra dice en 1 Corintios 6:19-20 que "mi cuerpo es el templo del Señor y también debo presentar mi cuerpo como un sacrificio vivo, santo y agradable para ti". Señor, durante este ayuno en el que estoy entregando mi cuerpo como un sacrificio vivo para ti, te pido que elimines espiritual y físicamente toda contaminación maligna que ha sido sutilmente depositada en mi cuerpo y que ha causado enfermedades inexplicables en mi espíritu y cuerpo en el nombre de Jesús.

Padre, me mantengo firme en tu palabra que traerá mi sanidad. Señor, tu palabra dice en Isaías 41:10 "No temas, porque yo estoy contigo; no desmayes, porque yo soy tu Dios que te esfuerzo; siempre te ayudaré, siempre te sustentaré con la diestra de mi justicia".

Señor, me ato a tu palabra escrita en Jeremías 17:14 que dice: "Sáname, oh Jehová, y seré sano; sálvame, y seré salvo, porque tú eres mi alabanza".

Dios Padre, tu palabra dice en Proverbios 18:21 que la muerte y la vida están en el poder de mi lengua. Por lo tanto, hablo la muerte a toda contaminación espiritual y física que opera en mi cuerpo. Ordeno que todo residuo de cualquier contaminación sea expulsado de mí en el poderoso nombre de tu Hijo Jesucristo. Señor, dijiste que te recordemos tu palabra. Por lo tanto, te recuerdo tu palabra que dice en Jeremías 33:6 "He aquí que yo les traeré sanidad y medicina; y los curaré, y les revelaré abundancia de paz y de verdad".

Padre, tu palabra dice en Filipenses 4:19: "Mi Dios, pues, suplirá todo lo que os falta conforme a sus riquezas en gloria en Cristo Jesús". Así que te pido que me proporciones sanidad y liberación completa para mi espíritu, alma y cuerpo en el nombre de tu Hijo Jesucristo. Señor, te recuerdo nuevamente tu palabra escrita en Isaías 54:17 que me dice que ninguna arma formada contra mí prosperará y he condenado todas las lenguas que se han alzado contra mí en juicio.

Por lo tanto, estoy en un estado de expectativa de ti en el poderoso nombre de tu Hijo Cristo Jesús. Señor, dijiste en Isaías 57:18 que has visto mis caminos y me sanarás. Prometiste que me guiarías y restaurarías consuelo para mí, para aquellos que están de luto.

Finalmente, Padre Celestial, estoy profundizando mi fe en los cimientos de tu palabra. La palabra dice en Isaías 53:5: "Mas él herido fue por nuestras rebeliones, molido por nuestros pecados; el castigo de nuestra paz fue sobre él, y por su llaga fuimos nosotros curados".

Por lo tanto, decreto y declaro la restauración completa de mi espíritu, mente, cuerpo y todo lo que hay en mi sistema. Envío el fuego de Dios contra toda contaminación y ordeno que sea eliminada de mi cuerpo en el nombre de Jesucristo, que es el nombre sobre todos los nombres. ¡Amén!

ORACIONES SOBRE LOS SUEÑOS

ORACIÓN PARA NO OLVIDAR SUEÑOS

Padre Celestial y Señor de toda la creación, me presento ante ti buscando ayuda espiritual para combatir los espíritus del olvido, la confusión, la frustración y la fatiga que han sido lanzados contra el conocimiento y la revelación que me has dado en mis sueños. Padre, tu ley espiritual declara que es el resultado de la falta de conocimiento que el pueblo de Dios es destruido, según Oseas 4:6.

Por lo tanto, Padre Celestial, destruye las fuerzas invisibles que intentan secuestrar este conocimiento vital que me has revelado en mis sueños. Señor, me ato a tu palabra que claramente dice: "La memoria del justo es bendita", según Proverbios 10:7. Declaro que mi memoria está bendita y que puedo recordar todo lo que tú me has revelado espiritualmente.

Padre, ahora oro por tu palabra sobre mi mente y mi memoria. Te pido que me liberes, según tu palabra, el espíritu de sabiduría, conocimiento y entendimiento, como está escrito en Isaías 11:2, para que pueda entender exactamente lo que me estás diciendo o señalando en mis sueños.

Finalmente, Padre Celestial, oro y acuerdo con tu siervo el Apóstol Pablo, quien oró para que los ojos de mi entendimiento sean iluminados para que yo conozca la esperanza a la que me has llamado, según Efesios 1:18. Me sostengo en tu palabra en relación con mi memoria, y tu palabra dice en Proverbios 10:7: "La memoria del justo es bendita". Oro esto en el poderoso nombre de Jesús. Amén.

Nota: Después de finalizar una oración así, simplemente siéntate o encuentra una posición relajada y tranquila y permite que los ángeles del Señor, que responden a la palabra de Dios según el Salmo 103:20, comiencen a luchar en tu nombre. Te prometo que en las próximas semanas comenzarás a recordar tus sueños sin esfuerzo.

ORACIÓN PARA CANCELAR SUEÑOS

Dios Padre, vengo a ti en el nombre de tu Hijo Jesucristo. Padre, sé que acabo de tener un sueño, pero no recuerdo nada de él, ni entiendo el sueño del que acabo de despertar. Por lo tanto, cancelo todo en ese sueño que no es de ti. Cancelo cualquier semilla maligna o pacto maligno que Satanás haya establecido o plantado en mi sueño, todo plan, trama, dispositivo y esquema visible e invisible. En este momento, solemnemente lo rechazo, renuncio, reprendo y finalmente lo cancelo por la sangre de Cristo Jesús.

También cancelo cualquier efecto a corto o largo plazo del mal que Satanás y sus agentes hayan plantado previamente en mi vida, incluidos los pactos malignos que se habrían forjado sutilmente en ese sueño. Me desvinculo de ello ahora. Cancelo, rechazo, renuncio, cancelo todos los acuerdos que no sean contigo, Padre. Padre, me desvinculo de todos los poderes del reino de las tinieblas relacionados con ese sueño.

No tomará forma en mi vida, en la vida de los miembros de mi familia ni en la vida de nadie a quien esté destinado ese sueño, lo declaro en el poderoso y sin igual nombre de tu Hijo y mi Salvador Jesucristo. Amén.

ORACIÓN PARA LLEGAR A UN ACUERDO CON UN SUEÑO

Dios Padre, si este sueño proviene de ti, me ato a lo que tú deseas para mi vida, porque según tu palabra en Jeremías 29:11 dice: "Porque Yo sé los pensamientos que tengo acerca de vosotros, dice el Señor, pensamientos de paz y no de mal, para daros el fin que esperáis." Por lo tanto, puedo confiar en que si el sueño proviene de ti, es algo que me beneficiará.

Revela a mí lo que es, y vengo de todo corazón en acuerdo con ello, en el nombre de Jesús. Ahora, Señor, como tú me has instruido, oro por toda la armadura de Dios sobre todo mi ser para que ahora pueda resistir las artimañas del diablo y también mantenerme firme en el día malo, según Efesios 6:11-13. Ahora pongo en práctica el Salmo 91:11-12, donde tú prometiste que "Pues a sus ángeles mandará acerca de ti, que te guarden en todos tus caminos. En las manos te llevarán."

También hablo al reino espiritual que debe someterse a tu palabra, que absolutamente ninguna arma que haya sido o será formada contra mí prosperará. Condeno de todo corazón toda lengua maligna, toda voz maligna, todo sacrificio maligno junto con todo altar maligno que hable en contra de mi destino, y deben ser consumidos por el fuego del Espíritu Santo en el poderoso nombre de Cristo Jesús, según Isaías 54:17. Amén.

20 VERSÍCULOS BÍBLICOS PARA CANCELAR MALOS SUEÑOS

1). Mateo 18:18, "De cierto os digo que todo lo que atéis en la tierra, será atado en el cielo; y todo lo que desatéis en la tierra, será desatado en el cielo".

2). Lucas 10:19, "He aquí os doy potestad de hollar serpientes y escorpiones, y sobre toda fuerza del enemigo, y nada os dañará".

3). Salmo 27:1-2, "Jehová es mi luz y mi salvación; ¿de quién temeré? Jehová es la fortaleza de mi vida; ¿de quién he de atemorizarme? Cuando se juntaron contra mí los malignos, mis angustiadores y mis enemigos, Para comer mis carnes, ellos tropezaron y cayeron".

4). Apocalipsis 12:11, "Y ellos le han vencido por medio de la sangre del Cordero y de la palabra del testimonio de ellos, y menospreciaron sus vidas hasta la muerte".

5). Marcos 11:23, "Porque de cierto os digo que cualquiera que dijere a este monte: Quítate y échate en el mar, y no dudare en su corazón, sino creyere que será hecho lo que dice, lo que diga le será hecho".

6). Juan 10:10, "El ladrón no viene sino para hurtar y matar y destruir; yo he venido para que tengan vida, y para que la tengan en abundancia".

7). Proverbios 3:24, "Cuando te acuestes, no tendrás temor; más bien te acostarás, y tu sueño será grato".

8). Isaías 28:18, "Y será anulado vuestro pacto con la muerte, y vuestro convenio con el Seol no será firme; cuando pase el turbión del azote, seréis de él pisoteados".

9). Isaías 59:19, "Y temerán desde el occidente el nombre de Jehová, y desde el nacimiento del sol, su gloria; porque vendrá el enemigo como río, mas el Espíritu de Jehová levantará bandera contra él".

10). 2 Timoteo 1:7, "Porque no nos ha dado Dios espíritu de cobardía, sino de poder, de amor y de dominio propio".

11). Santiago 4:7, "Someteos, pues, a Dios; resistid al diablo, y huirá de vosotros".

12). Lamentaciones 3:37, "¿Quién será aquel que diga que sucedió algo que el Señor no mandó?".

13). Joel 2:21, "Tierra, no temas; alégrate y gózate, porque Jehová hará grandes cosas".

14). Efesios 6:12, "Porque no tenemos lucha contra sangre y carne, sino contra principados, contra potestades, contra los gobernadores de las tinieblas de este siglo, contra huestes espirituales de maldad en las regiones celestes".

15). Marcos 3:27, "Ninguno puede entrar en la casa del hombre fuerte para saquear sus bienes, si primero no le ata, y entonces podrá saquear su casa".

16). Gálatas 3:13, "Cristo nos redimió de la maldición de la ley, hecho por nosotros maldición (porque está escrito: Maldito todo el que es colgado en un madero)".

17). Salmo 118:12, "Cercáronme como abejas; fueron apagados como fuegos de espinos: En nombre de Jehová, que yo los romperé".

18). Isaías 54:17, "Ninguna arma forjada contra ti prosperará, y condenarás toda lengua que se levante contra ti en juicio. Esta es la herencia de los siervos de Jehová, y su salvación de mí vendrá, dice Jehová".

19). Números 23:23, "Porque contra Jacob no hay agüero, ni adivinación contra Israel. Como ahora, será dicho de Jacob y de Israel: ¡Lo que ha hecho Dios!".

20). Deuteronomio 28:7, "Jehová derrotará a tus enemigos que se levantaren contra ti; por un camino saldrán contra ti, y por siete caminos huirán de delante de ti". Amén.

ORACIONES PARA LA MENTE

LIBERACIÓN DE LA MENTE

Padre Celestial, en el nombre de tu Hijo Jesucristo, yo, Pastor Kevin L.A. Ewing, estoy seguro de que eres tú quien ha impulsado en mi espíritu el registrar esta oración para los lectores. Oro por aquellos que están leyendo esta oración y por aquellos que necesitan que sus mentes sean liberadas en relación a enfermedades mentales y desafíos mentales. En primer lugar, cubro a todos los que están leyendo esta oración con toda la armadura de Dios. En segundo lugar, envío a los ángeles guerreros del Señor para librar guerra contra la hueste demoníaca y legiones que han sido asignadas contra sus mentes. En tercer lugar, cubro sus pensamientos, ideas, procesos de pensamiento e imaginación con la preciosa sangre de Cristo en el nombre de Jesús.

Ora esta oración sobre tu mente y sobre ti mismo:

Padre Celestial, te invoco, a ti, a quien tu palabra ha descrito como un fuego consumidor, para que quemes en la misma raíz cada espíritu de depresión, torpeza mental, olvido, mente en blanco, confusión, incoherencia, miedo, suicidio, pensamientos anormales de muerte, preocupación, espíritus de pesadez, pensamientos sexualmente pervertidos, violencia, falta de perdón y amargura. Padre, ato los espíritus de la pereza, la procrastinación, la falta de voluntad, la falta de fuerza, la falta de valor y la falta de determinación en el nombre de Jesús.

Padre, en el nombre de tu Hijo Jesucristo, oro para que hagas llover fuego como en los días de Sodoma y Gomorra sobre cada espíritu que ha estado atacando constantemente mi mente, en particular en las áreas de dudar de tu palabra, la lectura de tu palabra y, sobre todo, no poder concentrarme en tu palabra. Ordeno que los espíritus de ansiedad y ataques de pánico mueran en el nombre de Cristo Jesús.

Señor, donde he recibido cualquier tipo de noticia devastadora, ya sea a través de la pérdida de un ser querido, un matrimonio roto, un divorcio, un informe médico no deseado, o donde el poder de las tinieblas ha venido en forma del espíritu de duelo para atormentarme, ordeno que todos estos espíritus y el poder de las tinieblas que me han estado atormentando en mi mente y cuerpo mueran y sean arrojados al abismo en el nombre de Jesucristo.

Padre, ataco el espíritu de incertidumbre con la fuerza bruta espiritual que es tu palabra, que dice en Romanos 8:31: "SI DIOS ES POR NOSOTROS, ¿QUIÉN CONTRA NOSOTROS?" Ahora llamo a los ángeles del Señor, a quienes se les ha encomendado cuidarme en todos mis caminos, a que salgan y recuperen lo que el enemigo me ha robado mental y espiritualmente en el nombre de Jesús.

Ordeno a Satanás, a quien Dios ha dicho que su único propósito hacia mí es matar, robar y destruir. Ordeno a Satanás que me devuelva todo lo que ha robado en el nombre de Cristo Jesús.

Padre Celestial, tu palabra en Proverbios 6:31 me da el derecho legal de ordenar que me devuelvan lo que se me ha quitado cuando dice que si se encuentra al ladrón (Satanás), debe devolver siete veces lo que ha robado. Dios, te agradezco que aunque pueda estar sumido en lágrimas con respecto a mi estado mental, hayas escuchado mis llantos internos y externos. Tú verdaderamente eres un Dios oportuno y el que responde a las oraciones de su pueblo.

Finalmente, Padre Celestial, quiero agradecerte de antemano, porque la mente que está en Cristo Jesús está operando en mí en el nombre de Jesús. Gracias de antemano por la solidez de mi mente, la capacidad de concentrarme, tomar decisiones acertadas y tener una sensación de libertad en mis pensamientos en el nombre de Jesús.

Gracias por una imaginación pura y agradable y por la capacidad de pensar positivamente con libertad. Gracias por darme el poder de liberar mi mente de pensamientos pervertidos, sexuales, inmorales, de negatividad, imaginaciones malignas y pensar mal de los demás. ¡Pido estas cosas y creo que se han realizado por fe en el nombre de tu Hijo Jesucristo, amén!

Lectores de esta oración: Si están cansados de ser atormentados por el enemigo, les sugiero que copien esta oración y la repitan al menos tres veces al día. Recuerden que estamos en una batalla con aquellos que tienen la ventaja de vernos, pero no es común que los veamos a ellos. Sin embargo, la oración actúa como una espada en el espíritu, especialmente las oraciones saturadas con la palabra de Dios. Estoy en concordancia con todos ustedes que oran esta oración en el nombre de Jesús. Amén. Pastor Kevin L.A. Ewing.

ORACIÓN CONTRA EL ESPÍRITU DE LA DEPRESIÓN

Padre Celestial, te agradezco por revelarme que la depresión es un espíritu y no solo una emoción. Por lo tanto, dejaré de tratar este espíritu como un sentimiento y comenzaré a atacarlo desde la raíz, que es espiritual. Ahora te pido que destruyas con fuego la raíz de la depresión, que ahora sé que es el espíritu de la depresión. ¡Espíritu de la depresión, me niego a colaborar ignorantemente contigo para mantenerme deprimido a través de pensamientos negativos, lamentándome por cosas que no puedo cambiar, la pérdida de un trabajo, la pérdida de un negocio, la pérdida de una inversión, la pérdida de un ser querido, un matrimonio destrozado, hijos decepcionantes, fracasos y cualquier forma de experiencias desalentadoras y decepcionantes en el nombre de Jesús!

En su lugar, estoy totalmente de acuerdo con la palabra de Dios que dice en 1 Tesalonicenses 5:18 que debo dar gracias en todas las cosas porque esta es la voluntad de Dios en Cristo Jesús con respecto a mí en este punto de mi vida. Señor, aunque no puedo entender la razón detrás de este asunto negativo y desconcertante en el que el espíritu de la depresión ha tomado pleno control, continuaré aferrándome y hablando Tu palabra que claramente dice en Romanos 8:28: "Y sabemos que a los que aman a Dios, todas las cosas les ayudan a bien, esto es, a los que conforme a su propósito son llamados".

ORACIÓN CONTRA EL ESPÍRITU DE LA DEPRESIÓN

Finalmente, Padre Celestial, hablo al espíritu de la depresión a través de la autoridad que me has dado; por lo tanto, le digo al espíritu de la depresión: Dios Todopoderoso me ha dado "manto de alegría en lugar del espíritu angustiado", según Isaías 61:3. ¡Espíritu de la depresión, has sido identificado y expuesto! ¡Te maldigo a ti y a todos tus dispositivos! ¡Te rechazo en todas las áreas de mi vida en el poderoso nombre de Jesús!

Envío a la hueste angelical para destruir todos tus esfuerzos en mi contra en el nombre de Jesús. Espíritu de la depresión, el Señor dijo que Él (Cristo Jesús) se ha convertido en una maldición por mí según Gálatas 3:13. ¡Por lo tanto, ordeno que cada maldición generacional de depresión que opera en mi vida y en la vida de mi familia sea quebrantada en este mismo momento en el poderoso y sin igual nombre de Cristo Jesús! Amén.

ORACIÓN CONTRA EL ESPÍRITU DE CONFUSIÓN

Vengo a ti, Señor, recordándote tu palabra según 1 Corintios 14:33 que dice: "Tú no eres autor de confusión". Por lo tanto, ordeno que el espíritu de confusión que me ha estado desafiando sea destruido por tu fuego espiritual en el nombre de Jesucristo. Padre Celestial, tu palabra declara en Santiago 3:16 que la confusión es el producto o resultado de la envidia y la contienda.

Señor, me sostengo en tu palabra de Hebreos 4:12, que tú las has comparado "como una espada", y separo la raíz de este espíritu de confusión, que proviene de la envidia y la contienda. ¡Ordeno que la envidia, la contienda y el espíritu de confusión queden deshabilitados permanentemente en mi vida en el poderoso nombre de Cristo Jesús!

Señor, cúbreme con la sangre de Cristo Jesús y con toda la armadura de Dios. Cúbreme hasta el punto en que la envidia, la contienda y la confusión no sepan adónde ir, con quién hablar ni qué hacer, en el nombre de Jesús.

¡Espíritu de confusión, te maldigo en el nombre de Cristo Jesús y te ordeno que abandones mi vida de manera permanente en el poderoso nombre de Jesucristo!

Ahora, Señor, oro para que llenes el vacío que el espíritu de confusión ha dejado con tu espíritu de sabiduría, conocimiento, comprensión, dirección, esperanza, motivación, inspiración y, sobre todo, tu Espíritu de VERDAD en el poderoso nombre de Cristo Jesús. Amén.

ORACIÓN POR PAZ

Padre Dios, si hay un momento en que te necesito, es ahora. Me siento tan emocional, confundido e incapaz de controlar los implacables pensamientos que están entrando y saliendo de mi mente. Por lo tanto, Señor, confieso y me arrepiento de mis pecados, tanto conocidos como desconocidos. Estoy realmente arrepentido por lo que he hecho, y creo por fe que estoy perdonado y que me has limpiado de toda injusticia (1 Juan 1:9).

Señor, soy consciente de que mi lucha es principalmente espiritual, por lo que he decidido equiparme con toda la armadura de Dios, enfatizando la espada del espíritu, que es tu palabra. Como resultado, decreto y declaro que el Dios de Abraham, Isaac y Jacob no me dio un espíritu de temor, sino de amor, poder y una mente sana. Rechazo todo espíritu contrario en mi mente y le ordeno que se vaya ahora en el nombre de Cristo Jesús. Me aferro a la palabra de Dios que dice: "Paz, paz al que está lejos y al cercano, dijo Jehová; y lo sanaré" (Isaías 57:19).

Padre, según tu palabra en Salmos 103:20, tus ángeles escuchan la voz de tu palabra y obedecen tus mandamientos. Por la autoridad de tu palabra, Padre, ahora despliego la hueste angelical que has asignado para mí a través de la palabra de Dios, según Salmos 34:7 y Salmos 91:11-12.

Al declarar las Escrituras de paz, estoy convencido de que los ángeles del Señor deben ministrarme como un heredero de la salvación, según Hebreos 1:13-14. Declaro: "Mucha paz tienen los que aman tu ley, y no hay para ellos tropiezo" (Salmos 119:165).

Declaro y decreto: "El Señor me mantendrá en perfecta paz mientras continúe reteniéndolo en mis pensamientos" (Isaías 26:3). Recibo la paz de Dios, "que sobrepasa todo entendimiento. Esta misma paz mantendrá mi corazón y mi mente a través de Cristo Jesús" (Filipenses 4:7). "Escucharé lo que hablará Jehová Dios; Porque hablará paz a su pueblo y a sus santos" (Salmos 85:8). "Dejaré que la paz de Dios gobierne en mi corazón porque soy parte del cuerpo de Cristo y estoy agradecido" (Colosenses 3:15).

Recibo la palabra de Dios: "Ahora el Señor de paz mismo me dé paz siempre por todos los medios" (2 Tesalonicenses 3:16). "Considera al íntegro, y mira al justo; porque hay un final dichoso para el hombre de paz" (Salmos 37:37). Declaro y decreto que "mi fe me ha salvado, y ahora avanzaré en paz" (Lucas 7:50). Declaro y decreto que "el efecto de la justicia será paz; y la labor de la justicia, reposo y seguridad para siempre" (Isaías 32:17).

Recibo y declaro las palabras del Señor: "La paz os dejo, mi paz os doy. Yo no os la doy como el mundo la da. No se turbe vuestro corazón, ni tenga miedo" (Juan 14:27). Recibo la palabra del Señor: "Jehová te bendiga, y te guarde; Jehová haga resplandecer su rostro sobre ti, y tenga de ti misericordia; Jehová alce sobre ti su rostro, y ponga en ti paz". (Números 6:24-26). Declaro y decreto: "El fruto de la justicia se siembra en paz para los que hacen la paz" (Santiago 3:18).

Padre Celestial, he declarado tu palabra y creo con todo mi corazón, mente, espíritu y alma que los ángeles que has asignado para cuidarme han sido desplegados para asegurarse de que tu palabra se cumpla. Sello esta oración con tu palabra que dice: "Y esta es la confianza que tenemos en Él, que si pedimos algo conforme a su voluntad, Él nos oye. Y si sabemos que Él nos oye en cualquiera cosa que pidamos, sabemos que tenemos las peticiones que le hayamos hecho" (1 Juan 5:14-15). ¡En el nombre de Jesucristo de Nazaret!

ORACIÓN CONTRA LAS LIMITACIONES

Padre Celestial, por favor perdona cada pecado en mi vida que he cometido consciente e inconscientemente que me está limitando. Oh Señor, ten misericordia de mí y límpiame con la sangre de Jesús. Ahora quito toda limitación que he colocado en Dios para la dirección de mi vida en el nombre de Jesús. Rompo todo yugo visible e invisible de limitación sobre mi vida en el nombre de Jesús. Padre, líbrame de todas las fuerzas limitantes que operan en mi vida hoy en el nombre de Jesús.

Arranco cada pensamiento de pequeñez de mi mente en el nombre de Jesús. Cualquier cosa en la casa de mi familia que me haya comprometido a no realizar lo que debía, sea rota en el nombre de Jesús. Cualquier declaración hablada o código escrito que esté circulando por la creación y afecte mi progreso, sea retirado en el nombre de Jesús. Cualquier sacrificio o símbolo ofrecido periódicamente para renovar las limitaciones en mi vida y trabajo, sea quemado por el fuego en el nombre de Jesús.

Cualquier cosa en mis cimientos que haya sometido mi vida a luchas y contiendas, sea destruida en el nombre de Jesús. Que las flechas de luchas interminables e infructíferas disparadas contra mi vida, salgan en el nombre de Jesús. Que toda limitación satánica en mi vida, sea demolida en el nombre de Jesús. Oh Señor, por la sangre de Jesús, arranca toda semilla de limitación en mi vida con tu fuego, en el nombre de Jesús.

Poder de Resurrección de Dios, visítame ahora y destruye todo sello de limitación en mi vida. Nuestros antepasados también obedecieron, honraron tus leyes y pactos, y ahora están muertos. Sin embargo, nosotros, los que estamos vivos, recibiremos las bendiciones que ellos han dejado en su lugar en el poderoso y sin igual nombre de tu Hijo y mi Salvador Cristo Jesús. ¡Amén!

Señor, deja que cada mano maligna que limita mi progreso sea quemada por el fuego en el nombre de Jesús. Que cada piedra u obstáculo de limitación colocado por mis enemigos sea removido permanentemente ahora en el poderoso nombre de Jesús. Cada espíritu de imposibilidad de mi trasfondo ancestral, muera en el nombre de Jesús. Todo pacto familiar que opera en mi vida para limitar mi destino, se dispersa en el nombre de Jesús. Padre Celestial, destruye toda arma de limitación que trabaje en contra de mi destino en el nombre de Jesús. Ordeno que cada sanción y embargo demoníacos sobre mi destino sean levantados de inmediato en el nombre de Jesús.

Deja que toda ley malvada que opera en mi contra sea derrocada ahora en el nombre de Jesús. Resistiré cualquier intento de mantenerme en la pobreza y en la pequeñez en el nombre de Jesús. Todo obstáculo que impide mi progreso, mi vida de oración y mi tarea divina sea destruido por el fuego en el nombre de Jesús.

Padre, dame hambre por la verdad de tu palabra. Lléname de verdad y entendimiento. Salgo de cualquier jaula del enemigo que esté limitando mi progreso en este momento en el nombre de Jesús. Hablo a mi destino para que se levante de cada valle de limitación hoy y comience a avanzar en el nombre de Jesús. Declaro que soy una persona sin límites en el nombre de Jesús. Mi Padre Celestial me separa divinamente de todo amigo afable y hostil que sirva como canal de limitación en mi vida y recibo un apoyo máximo para un rendimiento máximo en el nombre de Jesús.

Padre Celestial, sigue adelante y cumple en plenitud tus planes para mi vida en el nombre de Jesús. Declaro que a partir de hoy ninguna cosa buena será imposible en mi vida en el nombre de Jesús. Por el poder de Dios, recibo el empoderamiento sobrenatural para no tener límites a partir de hoy en el nombre de Jesús. Decreto y declaro que estoy liberado de los espíritus de limitación, frustración y estancamiento. De ahora en adelante, ¡mi vida irradiará la gloria y el poder de Dios sin límites en el nombre de Jesús! Gracias Señor por las oraciones contestadas. Amén.

ORACIONES PARA PEDIR BENDICIONES

NECESITO SER FAVORECIDO AHORA

Padre Celestial, me arrepiento de todos los pecados, iniquidades y transgresiones, conocidos y desconocidos, que he cometido contra ti. He iniciado el proceso de que me perdones al perdonar a otros, según Marcos 11:25. Señor, hay asuntos ante mí para los cuales la ayuda humana se ha agotado. Por lo tanto, busco tu favor, que trasciende la comprensión humana. Tu palabra dice: "Porque un momento será su ira, pero su favor dura toda la vida.", Salmo 30:5.

Padre Celestial, recibo el mandato que me habló directamente cuando dijiste: "Que no debo abandonar la misericordia ni la verdad. En su lugar, debo atarlas (misericordia y verdad) alrededor de mi cuello y escribirlas en la tabla de mi corazón. Al hacer esto, encontraré favor y buena comprensión ante Dios y los hombres", Proverbios 3:3-4. Señor, estoy muy agradecido por este protocolo espiritual para producir favor en mi vida.

Padre, estoy tan fascinado por tus reglas espirituales que producirán favor en mi vida. Por lo tanto, reclamo tu palabra que dice: "El bueno alcanzará favor de Jehová", Proverbios 12:2. "El que busca el bien diligentemente obtendrá favor", Proverbios 11:27. "El buen entendimiento atrae favor", Proverbios 13:15.

Señor, pongo mi fe en tu palabra que dice: "Entre los justos hay favor", Proverbios 14:9. Gracias, Señor, por el favor que está presente en mi matrimonio. :El que halla esposa halla el bien, y alcanza la benevolencia de Jehová", Proverbios 18:22. Padre, entiendo que si deseo favor de ti, debo asegurarme de mostrar favor a otros. "El hombre de bien tiene misericordia, y presta; gobierna sus asuntos con juicio", Salmo 112:5. He suplicado tu favor con todo mi corazón. Por favor, ten misericordia de mí según tu palabra, Salmo 119:58.

Gracias, Señor, porque hay un tiempo establecido en el que has designado un favor sobrenatural para mi vida. "Te levantarás y tendrás misericordia de Sion, porque es tiempo de tener misericordia de ella, porque el plazo ha llegado", Salmo 102:13. Te bendigo, Padre, una vez más por mi tiempo señalado de favor.

Padre, nuevamente te recuerdo tu palabra que dice: "Porque tú, oh Jehová, bendecirás al justo; como con un escudo lo rodearás de tu favor", Salmo 5:12. Tus palabras son verdaderas y reconfortantes. Ata mi espíritu, alma y cuerpo a tu preciosa palabra. Tu palabra es mi vida, es la fortaleza de mi vida. Por lo tanto, recibo cada palabra que proviene de ti, mi precioso Salvador, Redentor y Rey.

Ahora, Padre, sella esta oración con mi confianza en tu palabra que dijo: "Canten y alégrense los que están a favor de mi justa causa, y digan siempre: Sea exaltado Jehová, que ama la paz de su siervo", en el nombre de Cristo Jesús, Salmo 35:27.

ORACIÓN PARA LIBERACIÓN Y ALIVIO FINANCIERO

Querido Dios de Abraham, Isaac y Jacob, vengo ante ti una vez más, siguiendo tus instrucciones de no depender de mi propio entendimiento. En todos mis caminos, elijo reconocerte para que puedas dirigir mi camino, Proverbios 3:5-6. Padre, creo en tu palabra que dice: "El provecho de la tierra es para todos", Eclesiastés 5:9. Sin embargo, Señor, el ladrón cuyo trabajo es matar, robar y destruir me ha robado mis ganancias terrenales.

En primer lugar, me someto a tu palabra que nos ordena dar gracias en todas las cosas, porque esta es la voluntad de Dios en Cristo Jesús para con nosotros, 1 Tesalonicenses 5:18. Señor, aunque no puedo entender cómo esto podría ser tu voluntad para mí, de todos modos elijo estar más enfocado en ti que en cualquier espíritu que me esté robando.

Padre, como de costumbre, ahora declararé y aplicaré tus leyes espirituales para desafiar lo que me ha estado desafiando espiritualmente para prosperar. Tu palabra dice: "El que da al pobre no tendrá pobreza", Proverbios 28:27. Señor, ayúdame a ser constante en satisfacer las necesidades de aquellos que no pueden ayudarse a sí mismos.

Amplifica mi espíritu de discernimiento para que pueda tener confianza en a quiénes estás dirigiéndome a bendecir. "El hombre de verdad tendrá muchas bendiciones", Proverbios 28:20. Padre, gracias por recordarme que mi compromiso con tu voluntad divina generará bendiciones para mí.

Entonces, Padre, dame el poder del espíritu de compromiso y fidelidad a tu palabra. Señor, te agradezco que la riqueza de los impíos será transferida a mí, el justo, Proverbios 13:22, y sé que la evidencia de mi fidelidad debe producir fruto. Me sostengo en confianza de Proverbios 11:25, que dice: "El alma generosa prosperará; el que sacie también será saciado". Tu palabra dice: "el dinero sirve para todo", Eclesiastés 10:19, así que oro para que ordenes las bendiciones en mi vida que generarán las finanzas necesarias.

Oro para que antes de liberar esas finanzas, Padre, me des un espíritu de mayordomía y administración para manejar mejor los recursos que serán liberados en mi vida. Padre Celestial, realmente me arrepiento por todas las oportunidades que hiciste posibles en el pasado para bendecirme, sin embargo, debido a mi falta de conocimiento espiritual, las desestimé. Como no cumplir con las necesidades de aquellos a quienes enviaste buscando ayuda de mí cuando pude haber ayudado.

Ahora está claro para mí que una de las razones de mi posición actual de carencia es, "el que aparta su oído para no oír la ley, su oración también es una abominación", Proverbios 28:9.

Señor, prometo que mientras me sacas de este pozo de carencia, no solo enfatizaré en satisfacer las necesidades de los pobres, sino que los priorizaré en mi generosidad, según tu palabra.

Jesús dijo: "Cuando des comida o comida, no invites a tus amigos, hermanos y hermanas, parientes o tus vecinos ricos. En su lugar, invita o da primero a los pobres, cojos, lisiados y ciegos y serás bendecido. Aunque no puedan recompensarte", Lucas 14:12-14. Nuevamente, Padre Celestial, por favor, perdóname. No estaba consciente de estas leyes espirituales que han determinado claramente mi destino financiero.

Mirando hacia adelante, Padre, ahora que mi mente está renovada acerca de tus reglas espirituales de prosperidad, según Romanos 12:2, cumpliré con tu Espíritu para ayudar a los demás. "porque Dios es el que en vosotros produce así el querer como el hacer, por su buena voluntad", Filipenses 2:13. Gracias, gracias, gracias, mi dulce Jesucristo de Nazaret, por darme otra oportunidad en esto y ser tan paciente. Eres un Dios paciente, misericordioso y amoroso. Bendigo y honro el día en que te dije sí a ti.

Te bendigo por los muchos beneficios que vienen junto con el servicio. Sello esta oración con la palabra de Dios que dice: "Por tanto, os digo que todo lo que pidiereis orando, creed que lo recibiréis, y os vendrá", en el nombre de Cristo Jesús, Marcos 11:24.

PUERTAS DE BENDICIÓN

Padre Celestial, me postro humildemente en tu presencia, como siempre, pidiendo tu misericordia y perdón por mis pecados, iniquidades y transgresiones. En segundo lugar, te agradezco por el regalo de la vida y también por el regalo de la salvación. Señor, hoy he tomado la decisión de acceder a las bendiciones espirituales que has almacenado para mí en los lugares celestiales (Efesios 1:3). Tú dijiste: "Acontecerá que si oyeres atentamente la voz de Jehová tu Dios, para guardar y poner por obra todos sus mandamientos que yo te prescribo hoy, también Jehová tu Dios te exaltará sobre todas las naciones de la tierra. Y vendrán sobre ti todas estas bendiciones, y te alcanzarán, si oyeres la voz de Jehová tu Dios", Deuteronomio 28:1-2.

Padre, me uno a tu palabra y me comprometo con tus mandamientos, reglas, leyes y principios. Ahora, por fe, declaro y decreto que estoy bendecido en mi cuerpo, espíritu y alma. Estoy bendecido en mi trabajo, mi matrimonio está bendecido, y estoy bendecido en mi ministerio. Estoy bendecido en abundancia financieramente. A través de la obediencia a tu palabra, ha producido el fruto de la bendición que me ha hecho cabeza y no cola. Soy y continuaré siendo solamente superior y no inferior en el nombre de Cristo Jesús.

Señor, dijiste en tu palabra que comandarás las bendiciones sobre mí en mis almacenes (cuentas bancarias) y en todo lo que ponga mis manos. Además, prometiste que bendecirás las propiedades que me has dado (Deuteronomio 28:8). Padre, dijiste que las bendiciones se aplican automáticamente a mí si no camino en el consejo de los impíos, ni permanezco en el camino de los pecadores, ni me asocio con los soberbios (Salmo 1:1).

Padre, he recibido un mandamiento tuyo para bendecir a los que me maldicen (Lucas 6:28), lo cual seguiré haciendo. A su vez, me prometiste que bendecirás a los que me bendicen y maldecirás a los que me maldicen (Génesis 12:3). Recibo tu palabra que dice: "Bienaventurado el que piensa en el pobre: En el día malo lo librará Jehová…

Jehová lo guardé, y le dé vida: sea bienaventurado en la tierra, Y no lo entregues á la voluntad de sus enemigos. Jehová lo sustentará sobre el lecho del dolor: Mullirás toda su cama en su enfermedad", Salmo 41:1-3.

Dios mío, mi rey, mi escudo y mi defensor, permanezco firmemente en tu palabra que dice: "Bienaventurado el hombre que teme al Señor y se deleita mucho en sus mandamientos". Padre, te agradezco porque dijiste: "Bienaventurado el hombre cuya fortaleza está en ti", Salmo 84:5.

Señor, disfruto de tu promesa divina que dice: "Bendito el varón que confía en Jehová, y cuya confianza es Jehová. Porque será como el árbol plantado junto a las aguas, que junto a la corriente echará sus raíces, y no verá cuando viene el calor, sino que su hoja estará verde; y en el año de sequía no se fatigará, ni dejará de dar fruto." (Jeremías 17:7-8).

Finalmente, Padre, por favor, ayúdame a mantenerme enfocado en tu voluntad, porque me doy cuenta de que al hacer tu voluntad, nos recompensas con bendiciones. Así que te agradezco, te honro y te alabo por tus bendiciones interminables en el nombre de tu Hijo y mi Salvador, Jesucristo. ¡Amén!

ORDENANDO A LA TIERRA Y A SUS HABITANTES A TRABAJAR A TU FAVOR

Cualquier voz maligna que hable en contra del favor y la misericordia que Dios ha impreso en otros para otorgarme, que ese favor y misericordia broten sin demora en el poderoso nombre de Cristo Jesús. ¡Cualquier institución o persona que haya prometido ayudarme, que el espíritu de compromiso los abrume para cumplir sus promesas en el nombre de Jesús!

Cada oportunidad que de alguna manera me haya eludido, o que haya sido robada o manipulada en secreto lejos de mí, que esas oportunidades me visiten en porciones mayores en el poderoso nombre de Jesucristo. ¡Qué los poderes malignos detrás de cada bloqueo en mi vida queden permanentemente desactivados y se conviertan en un escalón para elevarme a mi destino designado por Dios en el inigualable nombre de Cristo Jesús!

Finalmente, la ley espiritual dicta en Eclesiastés 5:9: "El provecho de la tierra es para todos". Por lo tanto, Señor, ordeno a la tierra que libere y entregue mi porción de sus beneficios según tu palabra en el poderoso nombre de Cristo Jesús. Como está escrito en Jeremías 22:29: "¡Oh tierra, tierra, tierra, ESCUCHA LA PALABRA DEL SEÑOR!"

Padre Celestial, oro para que liberes mi porción en la tierra que está siendo retenida por el enemigo en el nombre de tu Hijo Jesucristo. Como está escrito en Isaías 61:7: "En lugar de su vergüenza habrá doble porción. Y en lugar de la afrenta, se regocijarán por su heredad. Por tanto, en su tierra habrá doble porción, y su gozo será eterno".

MI PORCIÓN EN LA TIERRA

El éxito es mi porción.
La riqueza es mi porción.
La salud es mi porción.
La sabiduría es mi porción.
La comprensión es mi porción.
La justicia es mi porción.
El conocimiento es mi porción.
La perspicacia es mi porción.
La felicidad es mi porción.
El favor es mi porción.
La solidez mental es mi porción.
Comprender los misterios es mi porción.
El éxito de mis hijos es mi porción.

¡Señor, deja que la hueste angelical que has designado para que se encargue de mí, arreste y recupere mi parte del ejército demoníaco de ladrones en el nombre de Cristo Jesús! ¡A partir de este día y en los días venideros, espero experimentar todas las porciones tangibles que me pertenecen de la tierra en el nombre de Jesucristo! Amén.

ORACIONES POR LA FAMILIA

ORACIÓN POR LOS HIJOS

Padre Celestial, me acerco hoy a tu trono de gracia y misericordia con alabanzas y agradecimiento por tus muchas bendiciones derramadas sobre mí. Como siempre, me arrepiento de todos mis pecados, iniquidades y transgresiones, y por fe, sé que me has perdonado.

Señor, presento a mis hijos ante ti, recordándote de las muchas promesas que me diste con respecto a ellos. Tu palabra dice: "Dios no es hombre, para que mienta, ni hijo de hombre para que se arrepienta. ¿Lo ha dicho, y no lo hará? ¿Ha hablado, y no lo cumplirá?", Números 23:19.

Padre, así como Ana presentó a su hijo Samuel ante ti, 1 Samuel 1:26-28, hoy hago lo mismo y presento a mi hijo/mis hijos ante ti. Declaro y decreto sobre la vida de mi hijo/mis hijos. Una vida de compromiso, honor y amor por el Dios de Abraham, Isaac y Jacob. Oro sinceramente para que no solo mi hijo/mis hijos cumplan y completen su propósito ordenado por Dios, sino que nunca abandonen el pacto al que se comprometieron cuando aceptaron el regalo de la salvación.

Me aferro a la palabra de Dios que dice: "Cree en el Señor Jesucristo, y serás salvo, tú y tu casa", Hechos 16:31. Padre, prometiste: "Jehová, y se multiplicará la paz de tus hijos", Isaías 54:13. Señor, eres tan grande y asombroso; recibo esta promesa para mis hijos con gran aprecio, "Porque yo derramaré aguas sobre el sequedal, ríos sobre la tierra seca. Mi espíritu derramaré sobre tu descendencia, y mi bendición sobre tus renuevos", Isaías 44:3.

Padre Celestial, recibo tu palabra que dice: "Tu mujer será como vid que lleva fruto a los lados de tu casa; tus hijos, como plantas de olivo alrededor de tu mesa.", Salmos 128:3. Señor, prometiste: "He aquí, herencia de Jehová son los hijos; cosa de estima el fruto del vientre. Como saetas en mano del valiente, así son los hijos habidos en la juventud. Bienaventurado el hombre que llenó su aljaba de ellos; no será avergonzado cuando hablare con los enemigos en la puerta", Salmos 127:3-5.

Padre, estoy agradecido de que uno de los beneficios de ser justo a través de la aceptación de tu Hijo Jesucristo es que mis hijos tienen garantizada la liberación, según tu palabra.

"Tarde o temprano, el malo será castigado; mas la descendencia de los justos será librada", Proverbios 11:21. Padre, te agradezco de antemano por la liberación de mis hijos.

Señor, estoy tan agradecido por tu promesa, que incluye a mi hijo/mis hijos, diciendo: "Bienaventurado el hombre que teme a Jehová, Y en sus mandamientos se deleita en gran manera. Su descendencia será poderosa en la tierra; la generación de los rectos será bendita.", Salmos 112:1-2.

Declaro y decreto que los días de mi hijo/mis hijos serán largos en la tierra porque honran a su padre y madre,

Efesios 6:1-3. Señor, tu palabra dice que un niño dejado a sí mismo avergonzará a sus padres, Proverbios 29:15. Señor, me comprometo contigo para estar siempre ahí para mi hijo/mis hijos y apoyarlos según tu palabra.

Tu palabra dice: "El necio menosprecia el consejo de su padre; el prudente acepta la corrección", Proverbios 15:5. Decretaré que mi hijo/mis hijos sean obedientes y, sobre todo, ¡prudentes! Me regocijaré y estaré inundado de alegría porque la palabra de Dios dice: "El padre del justo se regocijará, y el que tiene hijos sabios se alegrará de ellos...

...Alégrense tu padre y tu madre, y gócese la que te dio a luz", Proverbios 23:24,25.

Señor, ayúdame a ser constante en tu palabra cuando guío y aconsejo a mi hijo/mis hijos para que no se aparten de su crianza piadosa a medida que crezcan, como dice tu palabra en Proverbios 22:6. Cuanto más medito en tu palabra, Señor, más me doy cuenta de cómo mi manejo de tu palabra afecta la vida de mis hijos.

Dijiste: "¡Quién diera que tuviesen tal corazón, que me temiesen y guardasen todos los días todos mis mandamientos, para que a ellos y a sus hijos les fuese bien para siempre!" en Deuteronomio 5:29. Deuteronomio 30:19 dice: "A los cielos y a la tierra llamo por testigos hoy contra vosotros, que os he puesto delante la vida y la muerte, la bendición y la maldición; escoge, pues, la vida, para que vivas tú y tu descendencia".

Padre, una vez más, estoy muy agradecido por las promesas alentadoras que me has dado con respecto a mi hijo/mis hijos. Ahora que comprendo que las leyes espirituales que dictan la muerte y la vida están en el poder de mis palabras, Proverbios 18:21, me arrepiento, renuncio, denuncio y separo a mis hijos de cada palabra malvada que he dicho sobre sus vidas.

Además, rompo toda maldición de linaje, ancestral y generacional sobre sus vidas, y oro para que tú, Señor, los catapultes hacia su destino divino.

Declaro que mi hijo/mis hijos son la cabeza y no la cola, están por encima y nunca por debajo, y obedecerán la palabra de Dios, Deuteronomio 28:13. A través de la obediencia de mi hijo/mis hijos a la palabra de Dios, "Jehová enviará su bendición sobre tus graneros y sobre todo aquello en que pongas tu mano, y te bendecirá en la tierra que Jehová, tu Dios, te da.", Deuteronomio 28:8.

Decretaré y declararé que mi hijo/mis hijos se casarán con la persona a la que Dios les haya designado antes de la fundación del mundo. Mis hijos nunca se divorciarán y solo se separarán de su unión por medio de la muerte. Mis hijos tendrán un hogar feliz con hijos bendecidos, y siempre trabajarán en sinergia con sus cónyuges e hijos para resolver sus problemas.

Ataré todo espíritu de enfermedad asignado por el enemigo y decretaré una salud excelente sobre mis generaciones actuales y futuras de hijos.

La pobreza y la vergüenza no serán participantes en sus vidas. En su lugar, tendrán más que suficiente y siempre serán una bendición para los demás. Oro para que, debido a su generosidad al dar a los menos afortunados, Salmos 41:1-3 siempre cuenten con su porción: "Bienaventurado el que piensa en el pobre; en el día malo lo librará Jehová…

Jehová lo guardará, le dará vida y será bienaventurado en la tierra. No lo entregarás a la voluntad de sus enemigos. Jehová lo sostendrá en el lecho del dolor; ablandará su cama en la enfermedad".

Hablo paz sobre mi hijo/mis hijos. La palabra de Dios dice: "Mucha paz tienen los que aman tu ley, y no hay para ellos tropiezo", Salmo 119:165. Padre, prometes mantener a mis hijos en paz perfecta mientras mantengan su mente en ti, Isaías 26:3. Por lo tanto, Padre Celestial, sello esta oración con tu palabra que dice que lo que deseamos cuando oramos, debemos creer que lo hemos recibido y lo tendremos en el nombre de Jesucristo de Nazaret.

ORACIÓN POR LOS ESPOSOS

Padre Celestial, vengo ante ti con un corazón agradecido. Estoy en tu presencia con un espíritu de humildad, sólo para decirte gracias por mi esposo. Señor, verdaderamente has dirigido mi camino y estoy seguro de que esta es la persona que tú designaste para mí desde antes de la fundación del mundo, Efesios 1:3-4.

Padre, tú le has ordenado a mi esposo que me ame como has amado a la iglesia y has dado tu vida por ella. Es mi oración que amplifiques el amor y la compasión en él que sólo pueden venir de Ti. Oro para que sus palabras siempre coincidan con sus acciones y que sea un hombre que siempre ponga a su familia en primer lugar. Señor, también has dicho en tu palabra que mi marido deje a su madre y a su padre y se una a mí, su mujer, Génesis 2:24. Bueno, Señor, es mi oración que yo sea el tipo de ayuda idónea para mi esposo que haga que él siempre me ame y no desee a ninguna otra mujer excepto a mí.

Padre, oro por la fidelidad de mi esposo. Dijiste que el hombre fiel abundará en bendiciones, Proverbios 28:20. Entonces, Señor, cubro a mi esposo con tu gracia y favor que preservará su fidelidad, produciendo muchas bendiciones para nuestra familia.

Te doy gracias, Señor, porque mi marido es un hombre prudente. Tu palabra dice: "El hombre prudente prevé el mal que le aguarda y se prepara", Proverbios 22:3.

Por favor continúa permitiendo que mi esposo vea el futuro para que pueda tomar decisiones sabias que beneficien a nuestra familia. Es mi oración que le brindes a mi esposo sabiduría con respecto a nuestras finanzas. Tu palabra dice: "Mi Dios suplirá todas mis necesidades conforme a sus riquezas en gloria en Cristo Jesús", Filipenses 4:19. Así que, mientras tú provees para nuestras necesidades, decreto y declaro que mi esposo será un excelente administrador de nuestros recursos. Declaro que mi esposo es un hombre íntegro, particularmente en nuestro matrimonio. Padre, permíteme satisfacer a mi esposo en cada área, haciendo que solo encuentre consuelo, paz, alegría y amor infinito en mí, su ayuda idónea.

Señor, tu palabra dice: "No os ha sobrevenido ninguna tentación que no sea humana; pero fiel es Dios, que no os dejará ser tentados más de lo que podéis resistir, sino que dará también juntamente con la tentación la salida, para que podáis soportar", 1 Corintios 10:13. Señor, refuerza la capacidad de mi esposo para resistir la tentación y permanecer fiel a nuestro matrimonio.

Oro por paciencia y comprensión en mi esposo. Oro para que su paciencia y comprensión nos lleven a resolver todos los conflictos de manera amigable y buscar formas de mejorar nuestra relación.

Finalmente, Padre, si hay algún orgullo, arrogancia, egoísmo, codicia o deshonestidad en él, te pido que lo elimines. Te recuerdo tu palabra que dice: "Toda planta que mi Padre celestial no haya plantado, será desarraigada", Mateo 15:13. Así que, Señor, arranca de mi esposo todo aquello que no hayas destinado que esté en él, en el nombre de Jesucristo de Nazaret.

ORACIÓN POR LAS ESPOSAS

Padre Dios, gracias por este precioso regalo que me diste en la persona de mi esposa. Padre, la cubro con tu preciosa sangre y con la cobertura autorizada que me diste para cubrirla. Señor, me has ordenado ser la cabeza de mi esposa así como tú eres la cabeza de la Iglesia (Efesios 5:23). Enséñame a guiar a mi esposa y a mi familia con humildad, compasión, fidelidad y, lo más importante, amor. Oro para que mi esposa y yo nos sometamos mutuamente, como has ordenado en Efesios 5:21.

Padre celestial, has afirmado en tu palabra que mientras una persona podría heredar casas y riquezas, una esposa prudente solo puede provenir de ti (Proverbios 19:14). Declaro y afirmo que tengo una esposa buena, fiel, prudente, leal, comprometida y sabia. Como el Sacerdote de nuestro hogar y la cabeza de mi esposa, hablo palabra de vida sobre ella. Declaro que tendrá excelente salud, humildad, gracia, honor, paciencia, confianza, valentía y previsión. Declaro que mi esposa supera a la mujer descrita en Proverbios 31.

Señor, oro por un espíritu de excelencia entre nosotros que creará una sinergia perpetua entre mi esposa y yo. Oro para que todo lo que pongamos en nuestras mentes y manos según tu voluntad prospere.

De acuerdo con tu ley de unidad, mi oración es que mi esposa y yo siempre estemos en un mismo acuerdo, hablando el mismo lenguaje de unidad, y como resultado, nada nos será restringido (Génesis 11:6). Señor, estoy completamente de acuerdo con tu palabra que dice: "Como cierva amada y graciosa gacela, sus caricias te satisfagan en todo tiempo; y en su amor recréate siempre" (Proverbios 5:19). Oro por un cerco impenetrable que rodee nuestra unión y que no haya violación de nuestros votos matrimoniales.

Oro por un gran éxito para mi esposa y que ella sea cabeza y no cola, siempre arriba y nunca abajo (Deuteronomio 28:13). Ordeno que todas las maldiciones generacionales, especialmente la enfermedad, sean destruidas ahora. La enfermedad y la dolencia nunca serán su porción, en el poderoso nombre de Jesucristo de Nazaret.

Dios Padre, gracias a mi esposa he recibido un tremendo favor de ti. Ciertamente no me sorprende porque tu palabra dice: "El que halla esposa halla el bien, y alcanza la benevolencia de Jehová" (Proverbios 18:22). Nuevamente, Señor, te agradezco por esta maravillosa persona que me has bendecido en la persona de mi esposa. Oro para que envejezcamos juntos aún más comprometidos de lo que estamos ahora, en el nombre de Jesucristo de Nazaret.

ORACIONES CONTRA LOS CONFLICTOS EN EL MATRIMONIO

Padre, en el nombre de tu Hijo Cristo Jesús, has afirmado en tu palabra que Satanás es el acusador de los hermanos. También has identificado a Satanás como el ladrón que solo viene para matar, robar y destruir (Apocalipsis 12:10 y Juan 10:10). Querido Padre de misericordia, presento mi matrimonio ante ti en este día. No solo busco tu sabiduría, sino también tu conocimiento y comprensión para navegar por tu voluntad para nuestro matrimonio. Cubro nuestra unión con toda la armadura de Dios y con la sangre derramada de Cristo Jesús.

Estamos firmes en tu palabra con respecto a nuestro matrimonio: "Lo que Dios ha unido, que no lo separe el hombre" (Marcos 10:9). Padre, también busco favor para nuestro matrimonio. Nuevamente, tu palabra afirma que el que encuentra una esposa encuentra algo bueno y obtiene el favor del Señor. Señor, si alguna vez necesitamos tu prometido favor, es ahora.

A cada espíritu de división, discordia y divorcio, cancelo y ato tus poderes malignos contra el propósito divino de mi matrimonio. A cada espíritu que está asignado para perturbar la sinergia en mi matrimonio, declaro confusión sobre ese espíritu en el nombre de Cristo Jesús.

Ordeno que cada espíritu de deshonestidad, lujuria, fornicación, adulterio y mala administración de nuestros recursos matrimoniales abandone nuestra unión ordenada por Dios por la autoridad de Jesucristo. A cada espíritu manipulador, controlador y anti-liderazgo que desafía el liderazgo de mi pacto matrimonial, y en particular el liderazgo de nuestra unión matrimonial, ¡te ordeno que cese y desista ahora!

Por la autoridad del Señor Cristo Jesús, decreto y afirmo que cada espíritu que se opone a nuestro matrimonio sea atormentado antes de su tiempo y sea arrojado al abismo en el nombre de Jesucristo.

Cada espíritu de brujería de frustración y desacuerdos tontos, los declaro impotentes en el nombre de Cristo Jesús. Ordeno que cada hechizo de amor, cada espíritu cónyuge, cada maleficio, junto con todo altar malvado que hable en contra del destino de nuestra unión matrimonial, sea derribado por la sangre de Jesucristo de Nazaret. Era y sigue siendo la intención original de Dios que ningún hombre separe nuestro pacto de unión.

Por lo tanto, declaro y decreto a los poderes de la oscuridad en el ámbito espiritual y físico la cancelación de toda muerte prematura, accidentes, depresión, confusión, miedo, ansiedad y violaciones sexuales que pretendes introducir en nuestro pacto matrimonial. Silencio toda voz maliciosa de negatividad y declaro nulos y sin efecto todos los sacrificios malvados contra nuestro pacto matrimonial.

Padre celestial, tu palabra dice en 1 Pedro 4:8: "Y ante todo, tened entre vosotros ferviente amor, porque el amor cubrirá multitud de pecados". Señor, no solo recibimos esto sobre nuestro matrimonio, sino que también unimos nuestra fe a esto con el compromiso de vivirlo en el nombre de Cristo Jesús.

Una vez más, recordamos tu palabra que dice: "Así que ya no son dos, sino una sola carne. Por tanto, lo que Dios juntó, no lo separe el hombre" (Mateo 19:6).

Padre, oro para que nos movamos en unidad, hablando con una sola voz y estando en un mismo acuerdo. Según tu ley de unidad, nada nos será retenido (Génesis 11:6). Oro por un espíritu de sumisión en nuestra unión. Nos has mandado a someternos mutuamente en el temor del Señor (Efesios 5:2).

Ordeno que cada lazo del alma se disuelva junto con todos los matrimonios espirituales que puedan haber entrado en nuestra unión a través de nuestros sueños o parejas sexuales anteriores a nuestro matrimonio. Derribamos toda imaginación y todo lo que se exalta por encima del conocimiento de Dios, llevando cautivo todo pensamiento a la obediencia de Cristo (2 Corintios 10:5).

¡Ahora, Señor, declaramos paz sobre nuestro matrimonio, esa paz que solo tú puedes dar, que sobrepasa todo entendimiento, en el nombre de Jesucristo de Nazaret!

ORANDO LA PALABRA DE DIOS CONTRA LAS FUERZAS INVISIBLES QUE OPERAN CONTRA MÍ Y MI FAMILIA

Padre celestial, en el nombre de tu Hijo Jesucristo, ordenamos que nuestros nombres sean removidos de todo registro malévolo, todo altar malévolo y toda ordenanza malévola que haya sido escrita espiritualmente en nuestra contra. ¡Señor, demandamos que todo altar que opera contra nuestro destino, esas condiciones y términos malévolos que fueron establecidos en nuestra contra, sean destruidos por el fuego del Espíritu Santo en el nombre de Cristo Jesús!

Señor, permite que tu fuego disuelva toda maldición ancestral, como la maldición anti-matrimonio, anti-éxito, anti-progreso, pobreza, rechazo, enfermedad y desgracia. Que todas las maldiciones ancestrales nunca se reconcilien nuevamente en nuestras vidas en el poderoso nombre de Cristo Jesús.

Padre, tu palabra dice en Lamentaciones 5:7: "Nuestros padres pecaron y han muerto, pero nosotros llevamos su castigo". Señor, hablamos tu palabra en contra de la ley espiritual mencionada anteriormente y debido a tu obra consumada en la cruz, nos unimos a tu ley de pacto que supera la ley anterior y esa ley declara:

"Cristo nos redimió de la maldición de la ley, hecho por nosotros maldición". Como está escrito en Gálatas 3:13-15: "Maldito todo el que es colgado en un madero, para que en Cristo Jesús la bendición de Abraham alcanzara a los gentiles, a fin de que por la fe recibiéramos la promesa del Espíritu." Abandonamos la maldición y recibimos las bendiciones de Abraham en el nombre de Cristo Jesús.

Dios Padre, no solo creemos en tus obras consumadas en la cruz, sino que también creemos que como resultado de tu obra consumada nos has vivificado juntamente contigo. Porque nos has perdonado todos nuestros pecados y has borrado el acta de los decretos que había contra nosotros, quitándola de en medio y clavándola en la cruz, como está escrito en Colosenses 2:13-14.

Padre, basados en tu nuevo pacto y las leyes espirituales que lo acompañan, silenciamos toda voz malévola que hable en contra de nuestros destinos. Capturamos todos los malos pensamientos que han creado patrones de negatividad en nuestras vidas a través de maldiciones generacionales, de acuerdo a tu palabra en 2 Corintios 10:5.

Rompo todos los ciclos de derrota, depresión, fracaso, destinos secuestrados, pobreza, divorcio, falta de conocimiento, falta de sabiduría, falta de entendimiento y falta del temor del Señor en el poderoso nombre de Jesucristo. Amén.

ORACIÓN PARA LA LIBERACIÓN DE BENDICIONES GENERACIONALES

Padre Dios, en primer lugar, te agradezco por el conocimiento divino. Según tu palabra en Oseas 4:6 e Isaías 5:13, tú nos evitarás ser destruidos o retenidos cautivos. Señor, en este día y en los días por venir te pido que "LIBERES" y hagas que caigan sobre mí y mi linaje de sangre en los tiempos designados todas las bendiciones generacionales de nuestros ancestros que surgieron como resultado de su obediencia al honrar tus estatutos, mandamientos y pactos.

Señor, por favor permite que esas bendiciones generacionales cobren vida y hablen a las dificultades y trampas que se han enraizado en nuestros destinos para obstaculizarnos. Señor, recuerda el compromiso y las oraciones que nuestros antepasados elevaron hacia ti con respecto a nuestra generación actual. Padre celestial, haz que sus palabras no caigan en vano en el nombre de tu Hijo Jesucristo. Padre, tu palabra, que es ley espiritual, dice en Lamentaciones 5:7: "Nuestros padres pecaron y han muerto, pero nosotros llevamos su castigo". Padre, aunque estoy convencido de que esta es tu ley para las maldiciones generacionales, también estoy convencido de que lo contrario también es cierto.

Nuestros ancestros también obedecieron, honraron tus leyes y pactos y ahora están muertos. Sin embargo, nosotros que estamos vivos recibiremos las bendiciones que dejaron establecidas en el poderoso e incomparable nombre de tu Hijo y mi Salvador Cristo Jesús. ¡Amén!

ORACIONES PARA LA GUERRA ESPIRITUAL

ENVIANDO EL FUEGO DE DIOS

Existen dos escrituras que caracterizan a Dios como un fuego consumidor, Deuteronomio 4:24 y Hebreos 12:29. ¿Por qué no intensificas tus oraciones hoy enviando el fuego de Dios a la raíz de esos problemas persistentes y obstinados en tu vida?

Padre celestial, acepto la palabra que te describe como un fuego consumidor. Sé que aunque ese fuego puede ser utilizado para refinar y purificar, este no es el propósito por el cual me acerco a tu trono hoy. En cambio, Padre, mi oración es que envíes fuego espiritual a la raíz espiritual de los problemas constantes y obstinados que se han convertido en yugos y cargas en mi vida. Padre, lo que me ha mantenido alejado de donde debería haber estado en este punto de mi vida, por favor, llévame por el camino que tenías pensado para mí.

Señor, oro para que tu fuego consuma y aniquile toda evidencia de las fuerzas espirituales que actúan en mi contra en el poderoso nombre de tu Hijo Jesucristo. Padre, oro por la destrucción de todas las fuerzas malignas en mi vida. Padre, reajusta mi forma de pensar para que una vez que haya sido liberado espiritualmente de los dispositivos del enemigo, no continúe en cautiverio en mi mente.

Señor, envía a tus ángeles a luchar contra los poderes de las tinieblas. Haz que sus planes y dispositivos fracasen. Deshonra a todas las fuerzas de las tinieblas que actúan en mi contra. No permitas que el enemigo prevalezca sobre mí. Permíteme siempre ser consciente de que tú eres el Comandante en Jefe en todas las guerras libradas contra mi vida.

Padre, me sostengo hoy en tu palabra que dice en Marcos 11:24-26: "Por tanto, os digo que todo lo que pidáis orando, creed que lo recibiréis, y os vendrá. Y cuando estéis orando, perdonad, si tenéis algo contra alguien, para que también vuestro Padre que está en los cielos os perdone a vosotros vuestras ofensas, porque si vosotros no perdonáis, tampoco vuestro Padre que está en los cielos os perdonará vuestras ofensas". En el incomparable nombre de tu Hijo Cristo Jesús. Amén.

QUE LAS FUERZAS DE LA OSCURIDAD SEAN DESHABILITADAS POR EL FUEGO DEL ESPÍRITU SANTO

Padre celestial, hablo a cada "líder espiritual" o enemigo que habla en contra de mi destino ordenado por Dios, ¡que sus palabras de odio y daño arraigadas profundamente caigan al suelo en el nombre de Cristo Jesús! ¡Que cada agente de Satanás que manipula mi prosperidad, mis relaciones, mi matrimonio, mi salud y mi estado mental sea destruido por el fuego invisible de Dios en el nombre de Jesucristo!

¡Que cada jefe, supervisor, gerente o quienquiera que esté obstaculizando mi ascenso, aumento o avance sea arrestado y juzgado por el Espíritu del Dios viviente en el nombre de Jesucristo! ¡Mando a todas las fuerzas demoníacas de tormento mental que han sido dirigidas contra mi mente y que mantienen los ciclos de frustración, enojo, fatiga, desánimo, confusión y depresión que sean desalojadas ahora mismo por la presencia y el fuego del verdadero Dios viviente en el nombre de su Hijo Jesucristo!

Cualquier cosa que haya sido plantada espiritualmente en mi propiedad, colocada en secreto en mi hogar, puesta encubiertamente en mi comida para manipular mi salud espiritualmente.

¡Oro para que Dios Todopoderoso destruya todas las fuentes espirituales demoníacas y haga que sus agentes se

QUE LAS FUERZAS DE LA OSCURIDAD SEAN DESHABILITADAS POR EL FUEGO DEL ESPÍRITU SANTO

avergüencen y sean deshonradas abiertamente en el nombre de Cristo Jesús!

Todo falso profeta, apóstol, evangelista, pastor, maestro y todos los agentes de Satanás, o quienes se hayan disfrazado como verdaderos hombres y mujeres de Dios, sean expuestos públicamente por lo que realmente son en el nombre de Cristo Jesús.

¡Oro además por el poder del Espíritu Santo para que cada pacto maligno que haya sido establecido por estos charlatanes malvados y sin vergüenza a través de la recepción de mi dinero (ofrenda), pañuelos milagrosos malignos, "agua bendita" demoníaca, la imposición demoníacas de manos, baños espirituales demoníacos o cualquier otra forma de actos malvados, pido, Señor, que estos pactos espirituales malvados hechos consciente o inconscientemente hacia mí o hacia cualquier otra víctima sean destruidos por tu fuego eterno y consumidor en el nombre de tu Hijo Jesucristo!

Que cada profecía falsa que se haya pronunciado sobre mi vida y que en realidad haya retrasado mi vida sea quebrada por la sangre derramada de Jesucristo. ¡Ordeno que cada maldición generacional sea desactivada y destruida de manera permanente por la autoridad de mi Señor y Salvador Cristo Jesús!

Finalmente, como resultado de la respuesta de Dios a las anteriores oraciones y súplicas, ahora decreto y declaro

QUE LAS FUERZAS DE LA OSCURIDAD SEAN DESHABILITADAS POR EL FUEGO DEL ESPÍRITU SANTO

Joel 2:25, que dice: "Yo os restituiré los años que comió la oruga, el saltón, el revoltón y la langosta, mi gran ejército que envié contra vosotros". Y sobre cada vida que está de acuerdo con esta oración, lo decreto en el nombre de Cristo Jesús. ¡Amén!

ORACIÓN CONTRA LOS LADRONES ESPIRITUALES

Padre Dios, en el nombre de tu único Hijo engendrado, Jesucristo, me presento ante tu trono de gracia y misericordia buscando tu ayuda divina. Señor, vengo recordándote tu palabra que dice: "Todo lo puedo en Cristo que me fortalece", según tu palabra en Filipenses 4:13. Padre celestial, con tu asistencia divina, ordeno que cada ladrón espiritual quede paralizado por el poder y la autoridad de tu palabra que dice: "para que en el nombre de Jesús se doble toda rodilla de los que están en los cielos, en la tierra y debajo de la tierra", según Filipenses 2:10.

Señor, decreto y declaro que no solo he descubierto e identificado a estos ladrones espirituales en mis sueños robándome, sino que por la autoridad de tu palabra, les ordeno a estos mismos ladrones espirituales que regresen y restauren siete veces lo que originalmente me quitaron, incluida la riqueza de esta casa según tu palabra en Proverbios 6:31. Padre Dios, tal como empoderaste la mano derecha del rey Ciro y fuiste delante de él nivelando los obstáculos que estaban en su camino al mismo tiempo que le proporcionabas los tesoros ocultos y las riquezas secretas según tu palabra en Isaías 45:1-3.

Señor, te pido que visites mi vida con el mismo favor que extendiste al rey Ciro en el nombre de tu Hijo Cristo Jesús.

Finalmente, Señor, dijiste en tu palabra que todas las cosas son posibles para aquel que cree, según Marcos 9:23. Por lo tanto, Padre, creo en tu palabra. Creo que cada ladrón espiritual ha sido sometido espiritualmente y están todos bajo mis pies. Sello aún más el destino de estos ladrones espirituales ordenándoles que sean atormentados antes de su tiempo según Mateo 8:29 en el poderoso nombre de Cristo Jesús. Amén.

ORACIÓN CONTRA LOS ALTARES MALÉFICOS

Hago impotente cada altar agresivo en el poderoso nombre de Jesús. Todo altar maléfico erigido en mi contra, sea deshonrado en el nombre de Jesús. Cualquier cosa hecha en mi contra bajo una unción demoníaca, sea anulada en el nombre de Jesús. Maldigo todo altar local creado en mi contra en el nombre de Jesús. Que el martillo del Dios Todopoderoso destroce todo altar maléfico erigido en mi contra en el nombre de Jesús. Oh Señor, envía tu fuego para destruir todo altar maléfico creado en mi contra en el nombre de Jesús.

Cada sacerdote maléfico ministrando en mi contra en el altar maléfico, reciba el fuego del Espíritu Santo en el nombre de Jesús. Que la palabra de Dios sea su porción. Las promesas de Dios para mí son: Maldeciré a los que te maldigan y bendeciré a los que te bendigan (Génesis 12:3). Que cada sacerdote satánico ministrando en mi contra en cualquier altar maléfico sea confrontado por los ángeles del Señor en el nombre de Jesús. Padre, te agradezco que me hayas bendecido con todas las bendiciones espirituales en los lugares celestiales, según Efesios 1:3. Que cada maldición enviada contra mí por el sacerdote maléfico se convierta en una bendición.

Padre, estoy convencido que, debido a que todas las cosas son posibles para los que creen, sé que mi nombre y todo lo que me concierne ha sido borrado de todos los altares maléficos y todos los pactos maléficos en el nombre de Jesucristo.

ORACIÓN CONTRA EL ESPÍRITU DE DEMORA

Padre celestial, vengo en acuerdo con tu palabra según Jeremías 23:29 que dice: "¿No es mi palabra como fuego, dice Jehová, y como martillo que quebranta la piedra?" Hablo esta palabra con la autoridad que me has dado y libero tu juicio como lo hiciste en los días de Sodoma y Gomorra. ¡Padre, cada plan, trama, distracción, manipulación, visible e invisible lanzada por estos espíritus, ordeno que su consejo espiritual y físico caiga al suelo en el poderoso nombre de Cristo Jesús!

Padre celestial, ordeno que este espíritu maligno de demora, por el poder de tu palabra y la sangre de tu Hijo Cristo Jesús, libere y restaure todo lo que ha robado de mí y de tu pueblo. Ordeno que todo concilio espiritual y físico en mi contra caiga al suelo, solo para convertirse en escalones hacia mi elevación en el poderoso nombre de Jesús. Me uno a tu promesa de que restaurarás los años que el enemigo ha robado (Joel 2:25).

ORDENO QUE ESTE LADRÓN, "EL ESPÍRITU DE DEMORA", RESTAURE EN SIETE VECES TODO LO QUE HA ROBADO, INCLUYENDO LA SUSTANCIA DE SU CASA, SEGÚN LA PALABRA DE DIOS, EN EL NOMBRE DE JESUCRISTO. AMÉN.

EL GRAN FARAÓN CAERÁ

Ordeno que todo Faraón que trabaje en contra de mi destino caiga y falle ahora en el poderoso nombre de Cristo Jesús! Cualquier persona o cosa que me haya impedido estar donde debería estar en esta etapa de mi vida según la voluntad de Dios y su propósito elegido para mi vida, Dios le ordenó a Moisés que dijera al Faraón: "Deja ir a mi pueblo" (Éxodo 7:16 y Éxodo 9:11). ¡Por lo tanto, ordeno que el reino espiritual entregue todas mis bendiciones espirituales que me han sido robadas en el poderoso nombre de Jesucristo!

Todo sacrificio maléfico de mis antepasados, todas las voces maléficas de brujería que hablan desde cada altar maléfico en contra de mi destino y que han paralizado mi prosperidad, ordeno que esos sacrificios maléficos y esas voces maléficas, junto con cada altar maléfico, sean silenciados y destruidos por el fuego del Espíritu Santo en el poderoso nombre de Cristo Jesús. Amén.

VENCIENDO AL ENEMIGO CON LA PALABRA

Padre celestial, hoy me equipo a mí mismo y a todo lo que me concierne con toda la armadura de Dios, como dijiste en tu palabra que nos hará mantenernos firmes contra las artimañas del Diablo según Efesios 6:11-13. Declaro la sangre de Cristo Jesús contra todas las voces maléficas que hablan en contra de mi destino. ¡Ordeno por la autoridad y el poder de Dios que esas voces maléficas sean silenciadas, avergonzadas, deshonradas y que sus consejos despreciables caigan al suelo en el nombre de Jesucristo!

Espíritu de desgracia, hablo y declaro desgracia sobre ti en el poderoso nombre de Cristo Jesús. Padre, aquellos que son implacables y no tienen respeto por tus ungidos o insisten en proferir maldiciones y calumnias, bien, me baso en tu palabra que dice que debemos amar a nuestros enemigos y bendecir a los que nos maldicen, hacer bien a los que nos odian y orar por los que nos maltratan y persiguen para que seamos hijos de nuestro Padre que está en los cielos (Mateo 5:44-45).

¡Padre celestial, disuelve con tu fuego todo altar de brujería que se haya erigido en contra de mi destino y los destinos de los miembros de mi familia, así como nuestra salud, prosperidad, ascenso y todo lo que nos has proporcionado en el nombre de tu Hijo Jesucristo!

Padre, ordeno que los espíritus de demora y obstáculos que me han sido asignados y a tu pueblo sean desactivados indefinidamente por el poder de tu palabra que dice que ninguna arma forjada contra nosotros prosperará y cualquier lengua que se levante contra nosotros, la condenamos en el poderoso nombre de Cristo Jesús según Isaías 54:17.

Señor, hablo a los espíritus de cansancio, frustración, procrastinación, dolor, derrota, fracaso y sobre todo el espíritu de falta de perdón que han estado dominándome y a las vidas de los miembros de mi familia. Ordeno que sean destruidos por tu palabra como está escrito en Jeremías 23:29: "¿No es mi palabra como fuego, dice Jehová, y como martillo que quebranta la piedra?" Es en esta palabra, Padre celestial, en la que me apoyo al declarar y decretar en contra de las fuerzas del mal que siempre están luchando contra mi destino y el destino de mi familia en el nombre de Cristo Jesús.

Finalmente, Padre, tu palabra dice en Eclesiastés 5:12: "Dulce es el sueño del trabajador". Por lo tanto, por el poder y la autoridad de Cristo Jesús, someto a todos los espíritus de insomnio, inquietud, fatiga, nerviosismo y todos los espíritus asociados. Recibo y me alío con tu palabra que dice en Salmo 127:2: "Pues a su amado dará Dios el sueño". Por lo tanto, acepto y creo en tu palabra en el nombre de tu Hijo, Jesucristo. Amén.

ORACIÓN POR LA ARMADURA DIVINA Y PROTECCIÓN

En este día, me equipo con toda la armadura de Dios, de acuerdo con la constitución del reino espiritual y físico. Se me aconseja hacerlo enérgicamente, para que pueda estar firme contra las artimañas del diablo y mantenerme en el día malo, Efesios 6:11, 13. Por lo tanto, por fe, ahora equipo mi ser espiritual y físico con el yelmo de la salvación. Me mantengo firme, ceñido con el cinturón de la verdad y equipándome con la coraza de la justicia. Armo mis pies con la preparación del evangelio de paz. Ahora tomo el escudo de la fe, para que pueda apagar los dardos de fuego del maligno. Finalmente, tomo posesión de la espada del Espíritu, que es la palabra de Dios.

Padre, prometiste en tu palabra, de acuerdo con el Salmo 91:11-12, que has dado a tus ángeles la orden de cuidarme en todos mis caminos. Señor, dijiste que tu detallada protección angelical asignada me sostendrá en sus manos, incluso si llego a tropezar con una piedra. Padre, te recuerdo tu palabra con respecto a mi protección espiritual. Dijiste: "¿A cuál de los ángeles dijo Dios jamás: «Siéntate a mi diestra, hasta que ponga a tus enemigos por estrado de tus pies»?…

…¿No son todos espíritus ministradores, enviados para servicio a favor de los que serán herederos de la salvación?" Hebreos 1:13-14. Recibo tu palabra y tus promesas de ayuda y protección. Hablaré y declararé tu bondad y misericordias.

Me someto a tu voluntad y a tu tiempo divino, y te pido que me catapultes hacia el destino que originalmente me habías ordenado. Aunque camine por el valle de sombra de muerte, no temeré mal alguno, porque tú estás conmigo; tu vara y tu cayado me infunden aliento.

Tú, Señor, has preparado una mesa delante de mí en presencia de mis enemigos. Tú, Señor, has ungido mi cabeza con aceite. Mi copa rebosa. Ciertamente el bien y la misericordia me seguirán todos los días de mi vida, y habitaré en la casa del Señor para siempre, en el nombre de Jesucristo de Nazaret. Salmo 23:3-6.

TERMINANDO PACTOS MALÉFICOS

Una vez más, Padre celestial, me arrepiento de todos mis pecados y me cubro con toda la armadura de Dios y la sangre de Cristo Jesús. Padre, cuando acepté el regalo gratuito de la salvación, en ese momento se estableció un pacto entre tú y yo. Ese pacto no solo me reconcilió con Dios Padre, sino que también me hizo justicia de Dios en Cristo Jesús.

Ahora renuncio, denuncio, rechazo, desestimo y me divorcio de todos los pactos maléficos que he establecido con todas las entidades malignas, ya sean pactos espirituales o físicos. Me divorcio de todas las sociedades secretas, la masonería, la Orden de la Estrella de Oriente, fraternidades, hermandades y cualquier organización en la que hice un juramento, promesa, contrato, acuerdo o pacto escrito, verbal o incluso de sangre. Por la sangre derramada de Cristo Jesús, ordeno que todo espíritu maligno en esos altares maléficos a los que serví, consciente o inconscientemente, suelte su maléfico dominio sobre mi destino, salud, riqueza, hijos y todo lo que he entregado tontamente a esos altares en el nombre de Jesucristo.

Declaro que mi Salvador y Señor Jesucristo borró el acta que había en contra de mí, que era contraria a mi destino. La quitó de en medio, clavándola en la cruz, Colosenses 2:13.

Señor, por favor, perdóname por cualquier ritual maléfico que haya realizado. Perdóname por cada ceremonia maléfica en la que participé. Te pido perdón por cada baño espiritual, cada incisión y cada marca en mi cuerpo y piel que fue parte de mi iniciación o puntos de contacto para espíritus malignos. Me divorcio de estos males y renuncio a toda mi participación en estos eventos maléficos.

Señor, me avergüenza saber que serví a otros dioses, invocando sin saberlo maldiciones generacionales en mi línea de sangre, Éxodo 20:3-5. Padre, ahora que soy reparador de brechas y restaurador de sendas para habitar, como resultado de los protocolos de ayuno de Isaías 58, oro para que hagas llover fuego y azufre espirituales contra mis obras malignas, como lo hiciste en el tiempo de Sodoma y Gomorra.

Decreto y declaro que las maldiciones generacionales cesan y se disuelven y se vuelven nulas y sin efecto en el nombre de Cristo Jesús. Ordeno que cese toda activación espiritual de muerte prematura, pobreza, estancamiento, anti-progreso, confusión, depresión, ataques de ansiedad, problemas de relación, divorcio, esterilidad y rechazo.

Decretar y declaro: "Si Dios está por mí, ¿quién contra mí?" Romanos 8:31. Decreto y declaro: "¿Quién nos separará del amor de Cristo? ¿Tribulación, angustia, persecución, hambre, desnudez, peligro o espada?...

...Como está escrito: 'Por causa de ti somos muertos todo el tiempo; somos considerados como ovejas para el matadero'. Pero en todas estas cosas somos más que vencedores por medio de aquel que nos amó", Romanos 8:35-37.

Decreto a todo altar maligno, a toda voz maléfica y a todo sacrificio maléfico al que me entregué en el pasado, o a rituales y juramentos demoníacos en los que participé. Reconsagro mi cuerpo, espíritu y alma como un sacrificio vivo, santo y agradable a Dios, que es mi servicio racional. Me niego a conformarme a este mundo. En cambio, insisto en ser transformado mediante la renovación de mi mente, para poder identificar y aprobar cuál es la buena, agradable y perfecta voluntad de Dios, Romanos 12:1-2.

Padre Dios, ahora me ato a tus promesas que provienen del pacto que tengo contigo. Dijiste: "De modo que si alguno está en Cristo, nueva criatura es; las cosas viejas pasaron; he aquí, todas son hechas nuevas" (2 Corintios 5:17).

Señor, debido al nuevo pacto que tengo contigo, ordeno que todo espíritu maligno con el que tenía pactos anteriores, que les permitió robarme mis bendiciones espirituales, se aparte de mí.

Ordeno, por la autoridad de Cristo Jesús, que me devuelvan todo lo que robaron siete veces, en el nombre de Jesucristo (Proverbios 6:30-31). Señor, prometiste que los justos serán recompensados en la tierra (Proverbios 11:31a). Padre, como persona justa, califico para ser recompensado por todas las pérdidas que he sufrido bajo la opresiva y engañosa mano del reino de las tinieblas. Dios de Abraham, Isaac y Jacob, recibo tu promesa que dice: "Yo os restituiré los años que comió la oruga, el saltón, el revoltón y la langosta" (Joel 2:25).

Finalmente, Padre, permite que tu paz que sobrepasa todo entendimiento descienda sobre mí. Mantén mi mente sana, elimina todos los temores, porque no me diste un espíritu de temor, sino de poder, amor y dominio propio. Perdono a todos los que me han perjudicado y me disculpo de corazón por los males que he hecho a otros en el nombre de Jesucristo de Nazaret.

ORACIONES MISCELÁNEAS

ORACIÓN POR SANIDAD

Padre, te agradezco por tu Hijo, Jesucristo, a quien has dado la autoridad para reconciliarnos contigo. Confieso mis pecados ante ti, Señor, y pido perdón y misericordia en el nombre de tu Hijo Cristo Jesús.

Hoy, Señor, vengo ante ti buscando sanación y liberación del espíritu de enfermedad. Sé que la verdadera sanación viene a través de tu Hijo Jesucristo. De hecho, dijiste que Jesús fue herido por nuestras transgresiones, molido por nuestras iniquidades. El castigo por nuestra paz estaba sobre él, y por sus heridas fuimos sanados (Isaías 53:5). Señor, reclamo lo que Jesús ha hecho por mí y por todos los que creen. Creo que estoy sanado de toda enfermedad y dolencia debido a las heridas que Jesús sufrió por mí.

En el principio era el Verbo, y el Verbo estaba con Dios, y el Verbo era Dios. Además, afirmaste que el Verbo se hizo carne y habitó entre nosotros (Juan 1:1, 14). Padre, tengo en cuenta que el Verbo hecho carne era realmente tu Hijo Jesucristo. Por lo tanto, entiendo cuando dijiste que enviaste tu palabra y los sanaste y los libraste de su destrucción (Salmo 107:20). Está claro que el Verbo era Cristo Jesús hecho carne.

Una vez más, 1 Juan 5:7 dice que hay tres que dan testimonio en el cielo: el Padre, el Verbo (Jesucristo) y el Espíritu Santo. Apocalipsis 19:13 dice: "Estaba vestido de una ropa teñida en sangre; y su nombre es: El Verbo de Dios".

Padre Dios, no solo estoy convencido de que tu Hijo y mi Salvador Cristo Jesús es mi sanador, que es tu palabra, sino que también me ato a tu palabra mientras declaro escrituras de sanación. La palabra dice: "Conforme a tu fe, te sea hecho", y que no puedo agradarte sin mi fe (Mateo 9:29 y Hebreos 11:6).

Decreto, declaro y activo las siguientes leyes espirituales de sanación:

Él envió su palabra para sanarme (Salmo 107:20).

Él sana a los quebrantados de corazón y venda sus heridas (Salmo 147:3).

Por sus llagas fui sanado (Isaías 53:5).

La sanidad es el pan de los hijos (Mateo 15:26).

El Señor me sostendrá en mi lecho de dolor, durante mi enfermedad, me restaurará a plena salud (Salmo 41:3).

Sáname, oh Señor, y seré sanado (Jeremías 17:14).

Confiesen sus faltas unos a otros y oren unos por otros, para que sean sanados. La oración eficaz del justo puede mucho (Santiago 5:14-16).

Porque yo te devolveré la salud, y sanaré tus heridas, dice el Señor (Jeremías 30:17).

Y servirás al Señor tu Dios, y él bendecirá tu pan y tu agua, y quitaré la enfermedad de en medio de ti (Éxodo 23:25).

Bendice al Señor, alma mía, y no olvides ninguno de sus beneficios. Él perdona todas tus iniquidades, él sana todas tus enfermedades (Salmo 103:2-3).

Oh Señor, por estas cosas los hombres viven, y en todas ellas está la vida de mi espíritu. Devuélveme la salud y hazme vivir (Isaías 38:16).

El corazón alegre constituye buen remedio (Proverbios 17:22).

Por lo tanto, Padre, reclamo, creo y recibo estas promesas en el nombre de Jesucristo. Tu palabra dice: "al que cree todo le es posible" (Marcos 9:23).

"Hijo mío, está atento a mis palabras; inclina tu oído a mis razones. Que no se aparten de tus ojos; guárdalas en lo profundo de tu corazón, porque son vida para los que las hallan y medicina para todo su cuerpo" (Proverbios 4:20-22).

"Él da esfuerzo al cansado y multiplica las fuerzas al que no tiene ningunas. 30 Los muchachos se fatigan y se cansan, los jóvenes flaquean y caen; mas los que esperan en Jehová tendrán nuevas fuerzas, levantarán alas como las águilas, correrán y no se cansarán, caminarán y no se fatigarán" (Isaías 40:29-31).

ORACIÓN PARA SOLTEROS

Padre celestial, vengo ante ti una vez más buscando tu favor y gracia. Gracias por la política de puertas abiertas que me permite acercarme a tu trono en cualquier momento. Señor, tu palabra dice: "El que encubre sus pecados no prosperará", Proverbios 28:13a. En este punto, Padre, pongo todo sobre la mesa, confieso y me arrepiento de todas las transgresiones que he cometido contra tus leyes. Creo por fe que no solo me has perdonado, sino que también has arrojado mis pecados al mar del olvido.

Según Génesis 2:18, has dejado claro que no es beneficioso que estemos solos. También mencionaste en Eclesiastés 4:9: "Mejores son dos que uno; porque tienen mejor paga de su trabajo". Señor, anclo mi fe en tu palabra infalible, pidiéndote que me dirijas hacia la persona que has designado para mí antes de la fundación del mundo, según Efesios 1:3-4.

Ayúdame a prepararme para lo mejor que tienes. Ayúdame a no conformarme a este mundo. En cambio, quiero ser transformado por la renovación de mi mente para poder ahora discernir e identificar quién es esa persona buena y aceptable que has reservado solo para mí, Romanos 12:2.

He tomado la decisión de seguir tu protocolo que me asegurará que me guiarás en la dirección correcta. Dijiste que confiara en ti con todo mi corazón, que no me apoyara en mi propio entendimiento, y en todos mis caminos te reconociera, y que entonces dirigirías mi camino, Proverbios 3:5-6.

Por fe, recibo tu promesa de guiarme hacia lo mejor para mi vida. "Te haré entender, y te enseñaré el camino en que debes andar; sobre ti fijaré mis ojos", Salmo 32:8. Señor, así como enviaste un ángel delante del siervo de Abraham para asegurar una pareja para Isaac, el hijo de Abraham, Génesis 24:7, por favor, haz lo mismo por mí.

Padre celestial, tengo confianza en que me has escuchado y sellaré esta oración al afirmarme en tu palabra que dice: "Ésta es la confianza que tenemos en Él, que si pedimos alguna cosa conforme a su voluntad, Él nos oye. Y si sabemos que Él nos oye en cualquiera cosa que pidamos, sabemos que tenemos las peticiones que le hayamos hecho", 1 Juan 5:14-15.

ORACIÓN POR EL LUGAR DE TRABAJO

Padre, hoy, mientras me preparo para ir al trabajo, quiero agradecerte no solo por el regalo de la vida, sino también por bendecirme con un empleo que me ayuda a cubrir mis necesidades. Señor, debido a la hostilidad espiritual en mi lugar de trabajo, me equipo con toda la armadura de Dios para poder resistir las artimañas del diablo, según Efesios 6:12.

Padre, le dijiste a tu siervo Josué: "Todo lugar que hollare la planta de vuestro pie, os lo he dado", Josué 1:3. Señor, por favor, favorece mi lugar de trabajo dándome poder sobre todo espíritu opositor en mi lugar de empleo, como espíritus de brujería, espíritus controladores, narcisistas, engañosos, odiosos, vengativos, así como espíritus de opresión, retraso, estancamiento y anti-progreso.

Padre celestial, basado en el conocimiento de tu palabra, soy plenamente consciente de que mi lucha no es con las personas en mi lugar de trabajo. En cambio, mi lucha es contra la malvada jerarquía espiritual del reino de las tinieblas, como principados, potestades, gobernadores de las tinieblas de este mundo y maldades espirituales en los lugares celestiales, Efesios 6:12.

Así que agradezco por mi refuerzo espiritual que me has proporcionado, como tus ángeles a quienes les has dado la responsabilidad de cuidarme en todos mis caminos, para que si llegara a tropezar mi pie contra una piedra, ellos están mandados por ti para sostenerme en sus manos, Salmo 91:11-12. Señor, ayúdame a no envidiar a aquellos a quienes el espíritu de opresión está usando para oprimirme, y ayúdame a no adoptar ninguno de sus caminos, Proverbios 3:31. A pesar de que estoy en un entorno espiritualmente tóxico, me aferro a tu palabra que me asegura que mientras la maldición del Señor está en la casa (el lugar de trabajo) del malvado, tú también bendices la morada del justo, Proverbios 3:33.

Señor, tomo autoridad sobre los espíritus de deshonestidad, torcedura, compromiso malvado, así como sobre todas las empresas malvadas establecidas en contra de mí y de todos aquellos que están cubiertos bajo la sangre de Cristo Jesús en mi lugar de trabajo. He tomado la decisión de seguir tu mandamiento, por más difícil que pueda ser, de bendecir a aquellos que me maldicen y orar por aquellos que me maltratan y dicen todo tipo de cosas en mi contra, Lucas 6:28. Tú mandas que no me alegre cuando caiga mi enemigo y que mi corazón no se regocije cuando ellos tropiecen, no sea que tú lo veas y te disgustes, y apartes de él (mi enemigo) tu enojo, Proverbios 24:17-18.

Realmente quiero hacer las cosas como tú las has prescrito, simplemente porque quiero un resultado que esté en línea con tu voluntad. Señor, oro por las almas que están perdidas en este lugar y que han sido consumidas por los espíritus de avaricia, orgullo, arrogancia y control. Oro por su salvación, así como por su liberación de las fuerzas invisibles que no son conscientes de que los controlan. Dijiste que no deseas que nadie perezca, sino que todos se arrepientan, 2 Pedro 3:9.

Finalmente, Padre, oro para que refuerces mi cerco espiritual de protección alrededor de mí y de aquellos que confían en ti, como lo hiciste con tu siervo Job, Job 1:10. Pido estas cosas en el nombre de tu Hijo y nuestro Salvador, Jesucristo de Nazaret.

SOBRE EL AUTOR

KEVIN L.A. EWING

El Pastor Kevin L.A. Ewing es ampliamente conocido en las hermosas islas de las Bahamas y, en el mundo, por sus enseñanzas dinámicas, prolíficas y detalladas sobre la palabra de Dios. Durante muchos años, ha publicado artículos religiosos en los periódicos Freeport News y Tribune en las Bahamas. Se ha asociado con ministerios locales e internacionales a través de programas de radio, conferencias, talleres, seminarios de capacitación, avivamientos y reuniones de grupos pequeños para ayudar a construir, estructurar y equiparlos con sus enseñanzas sobre la guerra espiritual y la interpretación de los sueños. También es el administrador, productor y escritor de su blog "Journey into God's Word" y de su programa de radio semanal "The Kevin L.A. Ewing Spiritual Insight Show", que se transmite en DOVE 103.7 FM todos los sábados.

El Pastor Ewing cree que el mundo espiritual es el mundo paterno de nuestro mundo natural y que todo lo que ocurre en el mundo espiritual busca continuamente permiso para manifestar su voluntad en nuestro mundo natural. Está convencido de que Dios ha equipado a cada ser humano con las herramientas para soñar, donde los monitores espirituales miran al mundo espiritual, revelando fragmentos de lo que está pendiente en el mundo espiritual para sus vidas o las vidas de otros. Es en este aspecto de su ministerio en el que prospera.

El Pastor Ewing es un maestro profundo y detallado que descompone la palabra de Dios de una manera que incluso un niño la pueda entender. Sus enseñanzas están plagadas de escrituras, y él cree que las escrituras son las leyes y principios espirituales que gobiernan el espíritu y el ámbito físico. La escritura más destacada, que describe el fundamento de su ministerio, es Oseas 4:6, "Mi pueblo perece por falta de conocimiento". (Proverbios 11:9b "Mas los justos son librados con la sabiduría".) Él cree que la falta de conocimiento en lo que respecta a las leyes y principios espirituales determina continuamente el fracaso o el éxito para los creyentes de Cristo Jesús.

El Pastor Ewing está casado con la encantadora Sra. Dedre Ewing y es el orgulloso padre de sus hermosos hijos: Chavez y Garrett, Kevin, Kia y Kristina.

ESTÉ ATENTO A ESTE NUEVO LANZAMIENTO
DE KEVIN L.A. EWING

REVELANDO EL PODER DE UNA MAYORDOMÍA SABIA

SEGURIDAD FINANCIERA

a través

DE LOS PRINCIPIOS DE DIOS

APLICANDO LA SABIDURÍA DIVINA Y EL CONOCIMIENTO BÍBLICO PARA CONSTRUIR RIQUEZA GENERACIONAL

KEVIN L.A. EWING

Made in the USA
Columbia, SC
24 February 2024